AF222823

Inhaltsverzeichnis

Einleitung

Die Pharmaindustrie genießt öffentlich nicht den besten Ruf. Diesen weiter zu schädigen ist daher wohl kaum mehr möglich.

Ich möchte mit den folgenden Seiten auch vielmehr ein aus meiner Sicht möglichst realistisches und differentielles Bild einer Industrie liefern, die nach wie vor Milliarden umsetzt und doch von einem Großteil der Bevölkerung nur bis zu einem gewissen Grad hinterfragt wird.

Sicherlich gibt es viele Industrie und Berufszweige, die man kritisch beäugen kann und daher kann man viele Jobs in Frage stellen.

Was der Mensch fürs persönliche Lebensglück benötigt und ob die riesige Anzahl an Medikamenten tatsächlich zu einem „besseren Leben" beiträgt, mag ich nicht beurteilen können.

Ich möchte hier lediglich zur Aufklärung beitragen und zum Nachdenken anregen, denn die Verwirrung in Bezug auf Sinn und Unsinn von Medikamenten ist trotz Büchern wie „Bittere Pillen" und Beiträgen in Sendungen wie „Wiso" oder „Frontal 21" groß.

Nur wenn man aufgeklärt ist, kann man mit Bedacht handeln und sich über etwaige Folgen bewusst sein.

Letztlich klagen Ärzte nicht über zu geringe Patientenzahlen und in den allermeisten Fällen verlässt der Patient die Praxis mit einem Rezept für ein Medikament.

Die Zahlen sprechen für sich und nach wie vor ist die Pharmaindustrie eine Branche, die relativ gutbezahlte Jobs bietet, weshalb man dort auch häufig Absolventen der Naturwissenschaften und andere hochqualifizierte Mitarbeiter findet.

Sollte man nicht aber gerade in dieser Branche Menschen vermuten, denen es auch um die Gesundheit des Menschen geht, wenn schon ein Slogan der Pharmaindustrie lautet: „Forschung ist die beste Medizin"?

Dass die Pharmaindustrie keineswegs deshalb so viel Umsatz macht, weil sie hochinnovative Pharmazeutika entwickelt, sondern mithilfe kluger Werbestrategien, möchte ich mit diesem Büchlein genauso beschreiben wie den verschwenderische Umgang mit den Einnahmen von und auf Kosten der Gesamtbevölkerung.

Bei der Arbeit für die Pharmaindustrie zählt – wie so oft im Leben – die Aufrechterhaltung einer Fassade mehr als der fachliche Inhalt. Meiner Meinung nach bringen weder Pharmaaußendienst noch klinische Forschung noch einen Zusatznutzen für die Menschheit. Einzig den dort Angestellten bringen sie oft gute Verdienstmöglichkeiten, der Sinn dahinter wird allerdings oft wenig hinterfragt.

Medikamente waren vielleicht einmal segensreich für den Menschen, mittlerweile sind sie aus meiner Sicht dagegen eher zum Fluch für die Menschheit geworden.

1 Pharmaaußendienst

Als ich endlich mit dem Biologie-Studium fertig war, wollte ich wie wohl viele Hochschulabsolventen Geld verdienen. Ich hatte außerdem Schulden wegen eines Studentenkredits; so war .dies sicherlich ein nachvollziehbarer Wunsch.

Doktorarbeit kam für mich nicht in Frage, da ich nicht noch weitere 3 bis 4 Jahre für wenig Geld im Labor stehen wollte und so versuchte ich mein Glück bei diversen Jobbörsen.

Gibt man dann z.B. bei google „Jobs für Biologen" ein, landet man fast automatisch bei Arbeitgebern wie „Innovexx" oder Pharmexx, Dienstleistern, die mit den Großunternehmen der Pharmaindustrie zusammenarbeiten, also im Grunde Zeitarbeitsfirmen. Nichtsdestotrotz verdient man auch bei besagten Arbeitgebern mehr als bei einer Doktorandenstelle an der Uni.

Nach fleißiger Bewerbungsphase und diversen Vorstellungsgesprächen wusste ich ungefähr wie ich mich zu verkaufen hatte.

„Engagiert, motiviert, zielstrebig, flexibel" waren die geforderten Eigenschaften und irgendwie war ich das doch auch; ich hatte ja im Berufsleben noch wenig erlebt und deshalb wenig Frust angestaut. Nach langer Studiererei wollte ich endlich in die „Berufswelt" einsteigen.

Nach ca. 2 Monaten Arbeitslosigkeit hatte es dann auch geklappt beim Vorstellungsgespräch. Sowohl Regionalleiter als auch Personalabteilung konnte ich überzeugen und da man schon zu Beginn des neuen Jahres eine Produktschulung durchführen wollte, ließ man mich im Dezember nicht allzu lang auf die Zusage warten.

Der Regionalleiter stellte wohl ganz gerne jüngere weibliche Kandidatinnen ein –wie ich später erfuhr- was folglich mein Bonus war.

Mit einer gewissen Vorfreude kaufte ich noch ein paar schicke Klamotten, ehe ich für 2 Monate zur Produktschulung fuhr; immerhin schien Herr Wällisch mit meiner bisherigen Kleiderwahl nicht sehr zufrieden gewesen zu sein.

Bei S-Pharma würde man sehr auf einen „adäquaten" Kleidungsstil achten, meinte dieser.

1.1 Produktschulung

Es sollte mich als Bayerin zu S-Pharma (einer Pharma-Firma) nach Nordrhein-Westfalen verschlagen und ich freute mich aufs Hotel und darauf, neue Leute kennenzulernen.

Das Hotelzimmer war zwar recht einfach ausgestattet; die Zimmer eher klein, aber das machte mir nicht viel aus; ich war ja als ehemalige Studentin nicht gerade an Luxus gewöhnt.

Man machte mich an der Rezeption darauf aufmerksam, dass zwei weitere künftige Pharmareferentinnen eingetroffen seien, die sich abends noch gerne unterhalten wollten.

Und so lernte ich gegen 9 Uhr abends die Diplom-Chemikerin Sabrina Schreiner, Mutter dreier Kinder und die Krankenschwester, Jasmin Wundtke, die mit 27 Jahren ungefähr so alt war wie ich, kennen.

Sabine war froh mit drei Kindern wieder einen recht gut bezahlten Job bei einer Firma, für die sie schon vor 4 Jahren gearbeitet hatte, bekommen zu haben. Bedauerlicherweise sei sie aber nicht in den Genuss von 10 000 Euro gekommen, die jeder Mitarbeiter, von der Putzfrau bis zum Regionalleiter bei der Fusion von S-Pharma und U-pharma bekommen hatte. Nachdem U-Pharma das mittelständische Unternehmen S-Pharma für mehr als 4 Milliarden Euro gekauft hatte, konnte es sich der Firmen-Chef Schutt auch leisten, seine ehemaligen Untergebenen reichlich zu entlohnen.

Jasmin war motiviert, endlich ihr Wissen aus der Pharmaschule, welche sie ein Jahr lang besucht hatte, anzuwenden. Als Krankenschwester hat man nämlich nicht automatisch den „Pharmareferenten-Status", wie z.B. Biologen oder Chemiker und muss daher noch besagte Schule besuchen, die wesentliches Wissen zu Wirkung und Wirksamkeit der handelsüblichen Medikamente liefert. Sie konnte mir auch schon Details zu einem sogennaten AT1-Blocker (Angiotensin 1-Blocker) namens „Provas" liefern, den wir besprechen würden und ich merkte, dass das Mädel wohl viel in der Schule gelernt hatte. Ihre beste Freundin, die für „Heel" arbeitete, hatte sie auf die Idee gebracht, ihr Glück doch mal im Pharmaaußendienst zu versuchen. Diese verdiente ziemlich gut, da sie erfolgreich immer mehr Ärzte für die Verschreibung der homöopathischen Präparate gewinnen konnte, womit üppige Bonuszahlungen verbunden waren. Besagte Freundin schien daher Jasmins Vorbild zu sein.

Mir waren die beiden nicht unsympathisch, wenn ich auch Sabrina als etwas intolerant und besserwisserisch empfand und Jasmin als etwas naiv.

Am nächsten Tag sollten wir um 9 Uhr bei S-Pharma sein, ca. 7 Kilometer von unserem Hotel entfernt.

Laut unseres „Stundenplans", den wir zusammen mit unserem Arbeitsvertrag bekommen hatten, sollten wir uns zunächst in einem Schulungsraum einfinden. Dort lernten wir noch Renate Völkl, eine weitere künftige Pharmareferentin, die durch ihr gepflegtes Äußeres auffiel, kennen. Sie war um die 45, hatte blondiertes Haar, einen perfekt anliegenden Hosenanzug und eine recht angenehme Stimme.

In meiner ersten oberflächlichen Wahrnehmung machte ich ihr als Kompliment, dass so eine Pharmareferentin wohl auszusehen habe, worüber sich Renate sichtlich freute. Immerhin arbeitete sie schon seit fast 20 Jahren für verschiedene Pharmafirmen, ehe sie nach fast einem halben Jahr Arbeitslosigkeit den Job bei S-Pharma ergattert hatte. In der heutigen Zeit sei es ja nicht selbstverständlich, wenn man noch direkt angestellt wurde, meinte sie, das meiste liefe ja über die bereits erwähnten Zeitarbeitsfirmen. Hatte ich Neuling wohl irgendwie Glück gehabt, dachte ich mir da.

Außerdem lernte ich noch Elvira Jude, gelernte Krankenschwester von 30 Jahren, kennen, und ebenfalls Anfängerin. Anscheinend hatten wir erfahrenen Pharmareferenten gegenüber auch gewisse Vorzüge, sonst hätte man uns trotz zahlreicher Konkurrenten mit vielen Jahren Berufserfahrung auf dem Markt gar nicht eingestellt. Es konnte ja nicht nur an den zumeist männlichen Regionalleitern liegen, die gerne junge, weibliche Kandidatinnen einstellten, oder?

Später kamen noch andere Kandidaten zur Produktschulung hinzu: Ein ca. 50-jähriger Kollege namens Klaus Müller, sehr von sich überzeugt und im Glauben, nichts mehr dazulernen zu müssen, ein 45-jähriger Familienvater namens Jens Maier, der extra wegen des Jobs von Stuttgart nach Köln gezogen war, denn so einfach war es ja nicht mehr, in seinem Alter trotz Berufserfahrung angesichts schwindender „Pharmareferenten-Zahlen" noch einen Job zu ergattern. Auch ihm merkte man den Frust irgendwie an.

Einen 40 jährigen Kollegen namens Andreas Vogl, der gern redete und uns alle eher an einen Elefanten erinnerte.

Eine ehemalige Arzthelferin von 45 Jahren und alleinerziehende Mutter namens Martina Weber, die ebenfalls froh war, nach 9 Monaten Arbeitslosigkeit wieder einen Job gefunden zu haben.

Und schließlich Yvonne Obser, 35 Jahre, ehemalige Industrie-Kauffrau, keine Kinder und recht burschikos auftretend.

Sabrina hatte scheinbar einen gewissen Männerhass, denn sie meinte die anwesenden Männer wollten sich ja in erster Linie selber profilieren und ließen sie zum Beispiel kaum zu Wort kommen.

Als sie sich später mit Jens aber dann auch über Kinder unterhalten konnte, fand sie ihn gar nicht mehr so unangenehm.

Andreas Vogl sagte relativ häufig in Anspielung auf die Neulinge: Das kann man jetzt als Anfänger noch nicht wissen, aber ich nehme es jetzt mal vorweg..u.s.w.

Ja ich merkte sehr bald, wie wichtig es auch hier schien, sich selbst ins rechte Licht zu rücken.

Aber dass man im Außendienst zu einem besonderen „Ichling" werden musste, war vielleicht auch nachvollziehbar, schließlich ist man ja die meiste Zeit im Auto und bei der Arbeit auf sich allein gestellt.

Die meisten hier anwesenden erfahrenen Pharmavertreter glaubten wohl fast alle ohne ihre Hilfe hätte das Unternehmen keinen Umsatz erzielen können.

Und wohl kommt man auch leicht auf die Idee, man mache seine Arbeit besonders gut, wenn man merkt, dass der Umsatz steigt, sobald man begonnen hat, Ärzte zu besuchen.

1. 1. 1 Schulungstrainerinnen

Es stellte sich zu Beginn der Produktschulung auch die „Head-of Sales"-Trainerin namens Melanie Costa vor. Sie wirkte recht resolut, hatte ein schickes Jackett an, war perfekt geschminkt und schien auch recht stolz auf ihre Position zu sein, die sie ergattern konnte, obwohl sie nicht studiert hatte. Dass sie uns primär nur in einem Produkt schulen sollte und hier noch nicht mal medizinisches Hintergrundwissen vermitteln konnte/sollte, schien nebensächlich. Immerhin strahlte sie eine gewisse Autorität aus und hatte keine Angst vor der Gruppe.

Eine gewisse Ausstrahlung zu haben zählte bei dieser Firma wohl auch mehr als fachlich etwas zu bieten zu haben.

Eine weitere Trainerin namens Elvira Dura, für die Schulung eines Asthma-Produkts zuständig, und ebenfalls Biologin, trat da etwas bescheidener auf. Es war eben ein Job zum Geldverdienen, den sie innehatte, also nahm sie scheinbar alles einigermaßen gelassen.

Die dritte im Bunde, eine ehemalige Pharmazeutin, von schlanker Gestalt namens Christine Schmidt sollte uns die ersten 2 Wochen medizinisches Wissen mit Relevanz zum Bluthochdruck näher bringen.

Sie war alleinerziehende Mutter und beruflich auch international tätig gewesen.

Jetzt wollte sie endlich mal zur Ruhe kommen und an einem Ort bleiben können.

Sie erzählte uns zu Beginn, dass wie froh sein konnten, den ehemaligen Chef Herrn Schutt, nicht mehr erleben zu müssen. Dieser konnte ziemlich rigoros sein. War in seinen Augen ein Mitarbeiter zum Beispiel nicht adäquat angezogen, drohte er diesem ziemlich schnell mit Rausschmiss, falls er den Kleidungsstil nicht überdenken würde.

1. 1. 2 Vermitteltes Wissen während der Produktschulung: Sinnhaftigkeit von Blutdrucksenkern

Es ging in den ersten zwei Wochen um physiologische Hintergründe des Angiotensin 1 Blockers „Provas" (Handelsname) mit dem Wirkstoff „Valsartan"

(Das Präparat ist zugelassen für die Therapie von milder bis mittelschwerer Herzinsuffizienz, üblicherweise wenn eine

Behandlung mit ACE-Hemmern infolge von unerwünschten „Wirkungen" (trockener Husten) ungeeignet ist. Außerdem wird es hauptsächlich eingesetzt bei der essentiellen Hypertonie (Bluthochdruck). Das Valsartan soll im Gegensatz zu den damals günstigeren ACE-Hemmern seltener Reizhusten auslösen).

Neben „Valsartan" gibt es noch die von der chemischen Struktur her ähnlichen Wirkstoffe (von unterschiedlichen Firmen vertrieben) Telmisartan, Losartan, Candesartan, Irbesartan, Olmesartan, Eprosartan. Sie werden ebenfalls zur Blutdrucksenkung eingesetzt, sind aber teilweise für unterschiedliche Indikationen zugelassen.

Allerdings hatte „Valsartan" z.b. die zusätzliche Zulassung bei Postmyocardinfarkt, die anderen Präparate hingegen nicht. D.h. deshalb nicht, dass das eine Präparat mehr Vorteile für die Gesundheit hat als das andere: Die eine Firma hat lediglich die Zulassung für die Behandlung bei „Postmyocardinfarkt" beantragt und erhalten (was mit Zusatzkosten verbunden war), die andere nicht.

Die Produktschulung sollte uns lehren, dass „Sartane" verträglicher als ACE-Hemmer seien, da ja wie gesagt besagter Reizhusten laut Studien ausbleibt, doch war es zum damaligen Zeitpunkt günstiger, die generischen ACE-Hemmer zu verschreiben.

(Als Generikum (Plural Generika) bezeichnet man ein Arzneimittel, das eine wirkstoffgleiche Kopie eines bereits unter einem Markennamen auf dem Markt befindlichen Medikaments ist. Von diesem Originalpräparat kann sich das Generikum bezüglich enthaltenen Hilfsstoffen und Herstellungstechnologie unterscheiden.

Ein Generikum soll dem Originalprodukt in dessen beanspruchten Indikationen therapeutisch äquivalent sein, d.h., es muss ihm in Wirksamkeit und Sicherheit entsprechen. In der Praxis beträgt die Abweichung vom Originalpräparat meist aber weniger als 5 % [1].

Beta-Blocker senken primär die Pulsfrequenz und somit den Herzschlag. Trotzdem gehören diese bei der medikamentösen Therapie von Arterieller Hypertonie zu den Medikamenten der ersten Wahl und werden meist in Kombination mit anderen Antihypertensiva angewendet.

Die Wirksamkeit von Betablockern zur Senkung des Blutdrucks ist somit unbestritten, wie genau diese Senkung aber erreicht wird, ist nicht vollständig geklärt [2]

Somit sind für mich die Wirkansätze nicht zu vergleichen, da man bei einem Beta-Blocker über Pulsfrequenzsenkung relativ schnell ruhig wird, während bei At1-Blockern der Puls nicht beeinflusst wird.

Dass nun ein Bluthochdruckpatient automatisch einen zu schnellen Puls hat, kann nicht bejaht werden. Häufig haben übergewichtige Patienten einen zu hohen Blutdruck, ansonsten aber einen ruhigen Puls und bekommen trotzdem Beta-Blocker. Wie sinnvoll die Behandlung mit Beta-Blockern also ist, kann man teilweise in Frage stellen.

Natürlich schädigt andauernd hoher Druck in den Arterien die Gefäße und somit letztlich auch Herz, Augen und Niere, daher ist es natürlich der Gesundheit förderlich, wenn der Blutdruck eher niedrig ist. Doch kann es auch bei den recht verträglichen AT1-Blockern zu Nebenwirkungen wie Kopfschmerzen, Schwindel oder Durchfall kommen.

Da viele dicke Patienten hohen Blutdruck haben, ist unbestreitbar, dass es den Zusammenhang zwischen Übergewicht und hohem Blutdruck gibt, doch ist wohl nicht die Pharmaindustrie daran schuld, dass manche Menschen lieber eine Pille schlucken als abzunehmen.

Jedenfalls wurde uns in der Produktschulung vermittelt, dass die At1-Blocker stoffwechselneutral seien, so dass das Gewicht des Bluthochdruckpatienten nicht so ungünstig wie bei den Beta-Blockern beeinflusst würde (durch welche der Patient aufgrund der Verlangsamung des Stoffwechsels oftmals eher zunähme).

In diesem Zusammenhang lernten wir dann auch ein Krankheitsbild namens „metabolisches Syndrom" kennen; schließlich wäre ein Mensch, der darunter leidet, ein geeigneter „Kandidat" für unser Präparat.

Ein Patient mit solch einem komplex klingendes Syndrom, ist für gewöhnlich einfach ein Patient mit „Adipositas" (Fettsucht), der deshalb das Risiko aufweist an *Diabetes mellitus* (Zuckerkrankeit) zu erkranken. Eine allgemein akzeptierte Definition gibt es bislang nicht, sie wurde in den letzten Jahren wiederholt geändert.

Warum muss man manches unnötig verkomplizieren? Warum sagt man nicht einfach:

Einen übergewichtigen Menschen sollte man am besten zu einem Psychologen oder Mentaltrainer schicken, der ihnen mehr Selbstdisziplin „einimpft", so dass er sich mehr bewegt und nicht mehr zu viel vom „Falschen" ist.

Nicht umsonst gibt es Bücher wie „Hinter jeder Sucht steckt eine Sehnsucht" und nicht anders ist es wohl auch bei der Fettsucht.

Den Unterricht über die Darstellung von physiologischen Zusammenhängen fand ich trotzdem nicht uninteressant, doch sollte es bei dieser Produktschulung ja auch darum gehen, von dem zu besprechenden Produkt –zu überzeugen und zu vermitteln, warum es besser war als die anderen Sartane auf dem Markt, die ja wie gesagt von der chemischen Struktur her sehr ähnlich sind.

1.1.2.1 Comarketing von Präparaten

Bei zwei „Konkurrenzpräparaten" stellte sich das schon mal als schwierig heraus, faktische Vor und Nachteile herauszuarbeiten:

„Diovan", (mit Novartis als Vertreiber) sowie „Cordinate" (Arzneimittelwerke Dresden als Vertreiber). Diese Produkte sind im Grunde identisch mit „Provas", stammen vomselben Hersteller Novartis und unterscheiden sich nur durch die Verpackung; man spricht von sogenanntem „Comarketing". Diese Marketingstrategie ist durchaus üblich beim Vertrieb von Medikamenten. Man geht davon aus, Ärzte noch besser für ein Produkt bzw. einen Wirkstoff gewinnen zu können, wenn es in unterschiedlichen „Aufmachungen" präsentiert wird. Hat ein Arzt z.b. mal die Nase voll vom „Cordinate-Referenten", kann es der nächste Pharmareferent einer anderen Firma versuchen und einfach mal über „Provas", das ja auch eine ganz andere Verpackung hat, sprechen. Vielleicht ist der Pharmareferent netter, hübscher und damit letztlich dem Arzt einfach sympathischer. Zur Belohnung (im wahrsten Sinne des Wortes) verordnet der Arzt das Medikament des Lieblings-Pharmareferenten; so die Theorie.

(Ich musste später im Außendienst feststellen, dass dies auch in der Praxis zutrifft, auch wenn etliche Ärzte sagten, sie wollten nur noch das Original- Präparat oder andersrum verordnen, um eben nicht ständig etwas vom gleichen Produkt erzählt zu bekommen. Das Überzeugungsgeschick des Pharmareferenten fruchtete dann eben nur noch in Ausnahmefällen.

Nun kann man einwenden, dass man ja auch im Supermarkt ganz ähnliche Produkte von unterschiedlichen Herstellern kaufen kann, was nicht weiter verwerflich sei, doch stieß ich auf etliche Ärzte, die regelrecht genervt von besagter Marketingstrategie waren. Im Endeffekt wurde ihnen dadurch noch mehr Arbeitszeit gestohlen, wodurch sie weniger Patienten behandeln konnten, was wiederum schlecht fürs Budget war und ist.

Anstatt in wirkliche „Innovationen" und damit in gesundheitlichen Fortschritt zu investieren „verplempern" die Pharmafirmen das Budget damit, unterschiedliche Verpackungen für ein und dasselbe Produkt zu designen, inklusive der Kosten für verschiedene Produktmanager, zusätzliche Pharmareferenten, Werbematerialien u. s. w.

1.1.2.2 „Methoden" zur Wissensvermittlung während der Produktschulung

Ansonsten bekamen wir auch die „richtigen" Konkurrenten eingebleut, also die anderen Sartane, die ich bereits erwähnt hatte, (teilweise wurde auch hier wieder Comarketing betrieben).

Es war laut Trainerin Melanie Costa nämlich notwendig absolut vertraut mit den Konkurrenten zu sein. Wir sollten schließlich die Experten auf diesem Gebiet werden. (Ich stellte allerdings später fest, dass man das gelernte Wissen selten anwenden konnte).

Wir mussten folglich die Namen der Hersteller, die Wirkstoffe und Handelsnamen lernen, sowie die Indikationen, für welche sie im speziellen zugelassen waren.

- Losartan – (als Lorzaar von MSD)
- Valsartan – (als Provas von U-Pharma (S-Pharma), Diovan von Novartis und Cordinate von AWD)
- Candesartan- (als Atacand von Astra-Zeneca und Blopress von Takeda)
- Telmisartan –(als Micardis von Böhringer-Ingelheim und Kinzalmono von Bayer)
- Eprosartan –(als Teveten von Solvay und Emestar von Trommsdorff)
- Olmesartan – (als Votum von Berlin Chemie und Olmetec von Daiichii Sankyo
- Irbesaran (als Aprovel von Sanofi Aventis und Karvea von Bristol Myers)

Tabelle 1: Die verschiedenen Sartane, ihre Handelsnamen und Hersteller

Da „unser" Provas z.B. bei Postmyocardinfarkt (das Postmyokardinfarkt-Syndrom ist wahrscheinlich eine Abwehrreaktion des Immunsystems, die wenige Tage bis etwa

16

acht Wochen nach einem Herzinfarkt auftreten kann. Die Symptome sind Fieber, Herzbeutel- und/oder Lungenfellentzündung sowie Brustschmerzen. Im EKG zeigen sich keine Hinweise auf einen erneuten Herzinfarkt) zugelassen war, so mancher Konkurrent dagegen nicht, war dies natürlich ein offensichtlicher Vorteil für unser Produkt.

Deswegen beugt „Provas" einem Postmyocard zwar nicht vor, es bedeutet lediglich, dass man es bei diesem „Kranheitsbild" auch einsetzen darf. Die anderen Sartane werden das zwar auch, nur heißt das dann „off-label-use".

Unseren Trainerinnen mangelte es nicht an Kreativität bei den „Lehrmethoden" und so standen wir dann mal im Kreis, während uns die Trainerin einen Ball zuwarf, worauf wir dann zum genannten Handelsnamen die entsprechenden Hersteller und Wirkstoffe nennen mussten. Man freute sich, wenn man nicht nur den Ball fangen konnte, sondern auch noch die richtige Antwort parat hatte. So ein bisschen „Spieltriebbefriedigung" macht eben Spaß.

Was ich allerdings im Laufe der Produktschulung richtig zu fürchten begann, waren die „Gruppenarbeiten", in denen wir aus Zusammenfassungen von sogenannten klinischen Studien das Wesentliche herausarbeiten und später vor der Gruppe präsentieren sollten.

Vor allem dann, wenn ich mit Renate Völkl zusammenarbeiten musste, die es für sehr wichtig erachtete, in welchem farblichen Layout unser „Flipchart", mit denen wir später präsentieren sollten, gestaltet wurde. Natürlich war sie dann auch froh, mit Begriffen wie „Signifikanz" herumjonglieren zu dürfen. Ich zweifle stark an, dass sie heute noch weiß, dass signifikant lediglich „nicht zufällig" bedeutet.

Kamen also z.B. bei einer Studie für unser „Provas" signifikant weniger Todesfälle im Vergleich zur Behandlungsgruppe mit ACE-Hemmern heraus, war das doch ein schlagendes Argument für unser Produkt. Längeres

Leben, was kann man durch ein Medikament mehr erreichen wollen. Doch so ganz überzeugen konnten mich die dargestellten Studienergebnisse schon damals nicht.

Obwohl sich dann jeder bei den Präsentationen der Studienergebnisse recht Mühe gab, mit „Redegabe" und Zeigetechnik Trainerinnen und Kollegen zu überzeugen, blieb oft scheinbar so wenig in den Köpfen hängen, dass manch ein Pharmareferent später im Test kaum das gehörte Wissen zu Papier bringen konnte.

Als ich einmal in Gegenwart von Klaus Müller sagte, so effektiv sei diese Aufbereitung auf den Flipcharts für meinen Lernfortschritt nicht, meinte dieser lediglich: „Es zählt nicht das, was Du für richtig hältst, sondern was „gut" für die Gruppe ist".

Was sich da so ein Neuling schon einbildete, dachte sich dieser wohl.

Aber schließlich sollte in den 2 Monaten Produktschulung ja auch ein Zugehörigkeitsgefühl erzeugt werden und nachdem man die Pharmareferenten nicht ständig miteinander essen lassen oder Spiele spielen lassen konnte, musste man ihnen eben Gruppenarbeiten auferlegen.

1. 1. 3 Verkaufstraining

Jedem angehenden „Pharmaberater" oder Vertreter sollte man Dale Carnegies Buch „Wie man Freunde gewinnt", empfehlen, in dem beschrieben wird, wie man Zugang zu seinem Mitmenschen findet. Ob man damit tatsächlich „wahre Freunde" von Dauer erlangt, ist wohl fraglich; Kundschaft für sein Produkt kann man mit der beschriebenen Methodik allerdings sicherlich ganz gut gewinnen.

Seinem Gegenüber zuhören, nicht zu rechthaberisch und freundlich sein, ja dem Kunden eben Respekt zollen, sind für den Verkauf günstige Verhaltensweisen; die einem im Prinzip auch im Verkaufstraining vermittelt werden sollten.

18

So auch bei S-Pharma:
Während der Produktschulung legte man auch besonderen Wert darauf, mit Foldern, Abgabekarten und Zeigemappen zu arbeiten.

Damit sollte man den Arzt überzeugen, dass „Provas" durch die neue Teilbarkeit die günstigste Alternative darstellte. Schließlich müsse der Arzt ja auch auf sein Budget achten und da ja die At1-Blocker von Haus aus teurer waren als die generischen ACE-Hemmer, sei dies zunächst das wichtigste verkaufsfördernde Argument. (Der Trainer bei der zweiten von mir absolvierten Produktschulung war allerdings der Überzeugung, dass der Preis nie die große Rolle bei der Verschreibung spielte).

Wir hatten Preislisten ausgehändigt bekommen, die aufzeigten, dass bis zu 70 % Einsparpotential im Vergleich zu den Konkurrenten bestand. Man konnte allerdings nicht unbedingt 320 mg „Valsartan" mit 320 mg „Losartan" oder „Irbesartan" vergleichen. Gott sei Dank hatten kluge Pharmakologen mal die Bioäquivalenzen bestimmt und so sollte es auch möglich sein, das „Preis-Leistungs-Verhältnis" zu bestimmen.

So bekamen wir eingebleut, dass „Valsartan" das günstigste Sartan war und wie schon der damalige Außendienstleiter Herr Günther meinte: Ein gutes Argument solle man einfach mal vorbringen, widerlegen könne man es sowieso nicht sofort.

Während meiner Tätigkeit im Außendienst wurde allerdings des öfteren von den Konkurrenzfirmen, z.B. von Astra-Zeneca, abgemahnt (Da gibt es Leute, die das hauptberuflich tun) und man durfte die bisherigen Preis-Listen nicht mehr zeigen, die angeblich falsche Tatsachen darstellten. D.h. die vielen schönen Abgabekarten, die wir bekommen hatten, mussten entsorgt werden.

So ganz unanzweifelbar war die uns vermittelte Wahrheit wohl dann doch nicht, aber man musste uns natürlich irgendwie mit Verkaufsargumenten wappnen und so spielten wir dann auch mit unseren Trainerinnen „Arzt-

Pharmareferenten-Gespräche" durch. Immerhin sollte auch unsere Art der Gesprächsführung am Ende der Produktschulung beurteilt werden. Schließlich wollte man ja auch irgendwann Umsatz mit uns erzielen.
Die gespielten Dialoge gestalteten sich dann ungefähr wie folgt:

„Pharmareferentin": Guten Tag, Herr Doktor.
Verkaufstrainerin in der Rolle des Arztes: Guten Tag, ein neues Gesicht. (Es wurde simuliert, dass man auch bis zum Arzt vorgelassen wurde, was in der Realität keineswegs der Fall sein musste).
„Pharmareferentin": Ich möchte heute mit Ihnen über die neue Teilbarkeit von „Provas" (wir sollten bewusst über „Provas" und nicht über „Valsartan", damit auch ja „unser"Präparat verordnet wurde) reden, dem momentan günstigsten At1 Blocker, wenn man ihn denn teilt. Ist denn der Preis wichtig für Sie, Herr Doktor?
„Arzt": Ja natürlich ist der Preis wichtig, ich muss ja auf mein Budget achten.
Pharmareferentin: Dann darf ich Ihnen kurz mal veranschaulichen, wie viel Sie durch die neue Teilbarkeit von „Provas" sparen können. Womit therapieren Sie denn momentan Ihre Patienten?
„Arzt": Mit Votum (das war damals ein recht günstiger AT1-Blocker).
Pharmareferentin: Sehen Sie unsere Dosierung von 180 mg Provas entspricht in etwa 60 mg Votum (Wirkstoff Olmesartan) und dabei sparen sie durch die Teilung von 360 mg bis zu 50 %. Ist das für Sie interessant, Herr Doktor?
„Arzt": Ja klingt interessant, wenn man damit tatsächlich so viel sparen kann.
„Pharmareferentin":: Ja das ist momentan der neueste Stand der Dinge, würden Sie denn dann vielleicht auch umstellen?
„Arzt": Ja kann ich mir vorstellen.

„ Pharmareferentin:": Ja super, an wie viel Patienten haben Sie denn dabei gedacht?

„Arzt": vielleicht so an 5?

„ Pharmareferentin:": Schön, dann komme ich in ca. 4 Wochen wieder und Sie berichten mir, wie es den Patienten und Ihnen mit der Therapie geht. Auf Wiedersehen und vielen Dank für das nette Gespräch.

„Arzt": Auf Wiedersehen.

Ein solches „Idealgespräch" hatte ich natürlich so gut wie nie erlebt, doch man kann anhand dieses simulierten Dialogs mehrere „Manipulationstaktiken" erkennen, die man in ähnlicher Weise so anwenden sollte. In so plumper Art ausgeführt hätte man aber wohl weniger Erfolg gehabt.

Natürlich war den meisten Ärzten der Preis nicht ganz unwichtig, insofern ging man davon aus, mit diesem ersten erwähnten Argument, die Aufmerksamkeit des Arztes zu gewinnen , ihn zu einer sogenannten „Ja"- Haltung bringen zu können. Laut dem bekannten Psychotherapeuten „Milton Erikson" ist eine Suggestion zwischen 2 Menschen dann am ehesten möglich, wenn zwischen ihnen Rapport herrscht. (Treten Menschen miteinander in Kontakt, passt sich in der Regel meist unbewusst ihre verbale und nonverbale Kommunikation einander an. Je positiver der Kontakt durch den Einzelnen bewertet wird, desto stärker ist seine Anpassung (Bezogenheit) an das Gegenüber. Auf der verbalen Ebene äußert sich dieses in der Verwendung ähnlicher Worte und Redewendungen, gleicher Sprechgeschwindigkeit und Tonlage und in angepasster Sprachlautstärke und -rhythmik.

Nonverbal zeigt sich dieses in der Anpassung und Synchronisation von Gestik und Mimik. Zum Beispiel wird die Bein- und Armhaltung gespiegelt, gleiche Bewegungsabläufe ausgeführt und die Atemfrequenz und -rhythmik angeglichen. In beschleunigter Wiedergabe ähnelt die Kommunikation einem Tanz. Der Verhaltensforscher Desmond Morris umschreibt dieses mit seinem Begriff

Haltungsecho. Menschen neigen bei bestehendem Rapport dazu, einander tendenziell positiv zu bewerten, sich eher zu vertrauen und Gesagtes weniger kritisch aufzunehmen).

Durch eine Haltung der Akzeptanz erhofft man sich im Kundenkontakt (ähnlich wie bei hypnotischen Sitzungen) eine weitere Beeinflussung des Arztes zu erreichen. So glaubt man, ihn zu konkreten Zugeständnissen bewegen zu können. Eben z.B. „5 Patienten umzustellen". Sollte der Arzt auf diese Forderung mit einem „Ja" reagiert haben, ist es laut Verkaufsschulung auch besser, kaum mehr etwas zu sagen, also das sogenannte Überverkaufen zu unterlassen.

Auch Erikson lehrte nach einer vermeintlich geglückten Beeinflussung (Suggestion) erst einmal nicht mehr viel zu seinem „Gegenüber" zu sagen, so dass dessen „Unterbewusstes" arbeiten könne.

Nach wie vor funktionieren solche Methoden, auch wenn man sie geschickt einsetzen sollte, da ja die meisten Mediziner derartige Beeinflussungmethoden bereits kennen und daher in gewisser Weise abgestumpft sind. Situationsintelligenz und Kreativität, das spezielle Eingehen auf den einzelnen Arzt , können da schon eher erfolgsversprechend sein.

Die resolute Verkaufstrainerin Melanie Costa sah sich vorwiegend für „Provas" zuständig, da es fachlich zu viel verlangt gewesen wäre, sich noch in den anderen beiden Produkten, die wir besprechen sollten, auszukennen, aber immerhin flößte sie gerade uns Neulingen einen gewissen Respekt ein, so dass Elvira und Jasmin teilweise im Verkaufstraining rote Flecke aus Nervosität bekamen und bei einem Lob richtig „erleichtert" reagierten. Tatsächlich empfand auch ich es als wenig gewinnbringend „aufzumucken" und trat eher zurückhaltend auf.

Kurz erwähnen, weil sogar ein bisschen witzig, möchte ich in diesem Zusammenhang noch folgende Sätze aus einem Gesprächsleitfaden, den wir als Hilfestellung für die Gespräche über unser Asthma-Präparat ausgehändigt bekommen hatten: „Asthmazeit ist Pollenzeit, ist „atmadisc mite-Zeit" (so hieß das Präparat)."

So sollten wir das Gespräch über „atmadisc" beginnen. Und darum meinte auch Melanie Costa mit Nachdruck:

So und nicht anders will ich das jetzt hören. Also plapperten wir alle – als wären wir unfähige Marionetten - diesen „kreativen" Satz nach.

Manches ähnelte eben einer Art von Gehirnwäsche.

Als Melanie Costa dann Frau Dura gegenüber erwähnte, wir seien eine der besten angehenden Pharmareferenten, die sie jemals erlebt hatte, fand ich das schon recht angenehm. Dass ich meinem Regionalleiter „hintenrum" allerdings als arrogant beschrieben wurde (obwohl ich eigentlich mit meiner Meinung eher zurückhaltend war) irritierte mich dann doch etwas. Vielleicht konnte ich meine wahre Einstellung dem ganzen „Zirkus" gegenüber nicht ganz verbergen.

Allerdings muss ich zugeben, dass ich die Tests während der Produktschulung einigermaßen ernst nahm und auch nicht schlecht abschneiden wollte. Der persönliche Ehrgeiz treibt einen eben doch zu vielem an.

1. 1. 5 Erzeugung von Druck während der Produktschulung

Wie bereits erwähnt wurden wir u.a. anhand unserer simulierten „Arzt-Pharmareferenten-Gespräche" beurteilt, allerdings gab es auch Tests, die es zu bestehen galt.

Es wurden darin z.B. die Inhalte der Studien abgefragt, die „verkaufsfördernde Argumente" für unser Präparat lieferten, Detailwissen zu den Konkurrenten wie Dosierungsformen und Indikationen sowie andere medizinische Fragestellungen.

Wir mussten abends in unseren Hotelzimmern also noch lernen.

23

Jasmin schnitt in den Tests nicht so passabel ab und so sah es Frau Costa als ihre Pflicht an, sie während der Schulung, also vor versammelter Mannschaft, aus dem Zimmer zu bitten und mit ihr ein 4-Augen-Gepräch zu führen. Als sie uns später mitteilte, Frau Costa habe sie danach gefragt, ob ihr schlechtes Abschneiden mit extremer Nervosität zu tun getan habe oder mit falschen Lernmethoden, war sie sich des Mitleids der anderen Kollegen sicher. Wohl war der Rest der Truppe auch froh darüber, dass man nicht selbst in die Rolle des „unfähigen Opfers" geraten war, aber einen musste es ja treffen. Gnädigerweise hatte Elvira Dura Jasmin angeboten, sie noch mal abzufragen, damit der Stoff besser saß, worüber Jasmin dann auch ganz dankbar schien. Die ganze Schulungsmannschaft wollte also doch nur ihr bestes.

Wir hatten außerdem eine Schulung in einem speziellen Computerprogramm, mit dessen Hilfe wir später die Arztkontakte einpflegen sollten.

Dabei wurde ich zum ersten Mal mit dem sogenannten Verschreibungspotential von Ärzten konfrontiert, also einer Einschätzung der möglichen Anzahl an Rezepten, die ein Arzt überhaupt für unsere Bluthochdruckmittel bzw. Asthmamittel ausstellen konnte. Eine große Arztpraxis hatte im Normalfall natürlich mehr „Potential".

Ärzte mit viel Potential, „sogenannte A-Ärzte" sollten öfter besucht werden als z.B. B-Ärzte, diese öfter als C u.s.w.

Herr Bach, der uns dieses System näher brachte, wirkte auf mich recht engagiert; er hatte die Software mitentworfen und so war es verständlicherweise wichtig für ihn, dass wir nach der Schulung damit umgehen konnten.

Wiederum war Jasmin die Problemkandidatin, da sie mehr schlecht als recht mit dem System zurechtkam.

Als Herr Bach ihr deshalb - und auch wegen seines allgemeinen Eindrucks über sie- ihr am Ende der Produktschulung mitteilte, er könne sich nicht vorstellen, sie würde großartig Umsätze generieren, konnte sie ihre Tränen nicht mehr zurückhalten.

Da hatte sie die Pharmaschule mit so viel Engagement gemeistert, war deshalb auch recht stolz gewesen und dann solch eine Enttäuschung.

Ich verstand nicht ganz den Sinn von solcher Art von Kritik, immerhin weiß ja jeder, der sich ein bisschen mit pädagogischen Lehrmethoden beschäftigt hat, dass Motivation am ehesten durch Lob (wenn berechtigt) generiert werden kann. Immerhin würde man ja die nächsten Monate auf ihren Arbeitseifer angewiesen sein.

1. 1. 6 Mobbing während der Produktschulungen

Bei meiner ersten Produktschulung gab es insgesamt nur 10 Teilnehmer. Am meisten „hackte" man auf Sabrina Schreiner herum. An irgendjemand musste man seinen Frust ja ablassen.

Nachdem die meisten Teilnehmer bereits für mehrere Firmen gearbeitet hatten, wollten sie nun endlich länger bei einer Firma bleiben können, wovon man angesichts der befristeten Verträge nicht ohne weiteres ausgehen konnte. Jeder wollte selbst gut dastehen und da betrachtete man den Kollegen schon mal eher als Konkurrenten. Sabrina kam ihnen zu rechthaberisch rüber. Auf ihr Chemie-Studium bildete sie sich sicher genau wie ich etwas an.

Wie gesagt ich wurde von Frau Costa als arrogant beschrieben.

Als meine Mitleidensgenossen meine Art, das Gespräch zu führen, beurteilen durften, meinte z.B. Jens Maier, man würde schon den Unterschied zwischen den Erfahrenen und dem Neuling kennen.

Hat man erst mal Bücher von „Erickson" gelesen und verinnerlicht, dürfte man zwar in Bezug auf 4-Augen-Gespräche nicht mehr allzu viel dazu lernen müssen, aber die alteingesessenen Pharmavertreter mussten sich wohl auch einreden, während der Jahre im Auto nicht verblödet sondern sogar in ihrer Tätigkeit besser geworden zu sein. Sicherlich lernt man im Bezug auf Menschen immer wieder hinzu, aber letztlich geht es darum, das Gegenüber zu respektieren und eben Rapport erzeugen zu können. Jedem Menschen kann man auch nicht sympathisch sein; dafür müsste man sich zu sehr verbiegen, was man 8 bis 10 mal am Tag sicherlich nur selten fertig bringt.

Vielleicht fanden sie es auch unangemessen, dass ich nicht so nervös wie beispielsweise Elvira Jude auftrat. Angesichts der Wichtigkeit solcher Gespräche konnte man doch nur Angst davor haben, sich nicht bestmöglich zu präsentieren.

Als Tipp für zukünftige Pharmareferenten: Eher ängstlich als selbstsicher auftreten; kommt bei den meisten Schulungsleitern besser an!

Schlimmer als bei der ersten Produktschulung war allerdings das Miteinander bei der zweiten Schulung von „J-C-Pharma" mit über 20 Leuten. Dabei fielen eine promovierte Chemikerin und ein promovierter Biologe dem Rest des Trupps zum Opfer. Die meisten bei besagter Schulung waren nicht promoviert, also hoben sich die Promovierten vom Rest der Truppe ab.

Und gemobbt wird eben meist gegen jene, die sich irgendwie von der „Norm" unterscheiden.

Wenn die beiden dann etwas während der Schulung von sich gaben, wurde dies mit Gelächter und Geläster kommentiert oder man wollte beim Essen nicht neben ihnen sitzen.

Doch schon in Schulklassen gibt es Mobbing, gehört wohl irgendwie zur Gruppendynamik dazu und generiert zumindest ein künstliches Gemeinschaftsgefühl für den Rest des Trupps

1. 2 Pharmaaußendienst: Eher Prostitution als Beratung?

Als ich einmal mit einem ehemaligen Personalleiter eines Pharmakonzerns über den Pharmaaußendienst sprach, und dieser das „Pharmareferentendasein" mit Prostitution verglich, fand ich das zunächst etwas übertrieben, aber wenn man es genau betrachtet:

Wenn es hier teilweise nicht um fachliche Aspekte des Produkts gehen kann, sondern letzten Endes das „Zur Schau-Stellen (prostituere bedeutet ja: sich auf die Straße stellen) der eigenen Person" Umsatz generiert, hinkt der Vergleich auch wieder gar nicht so.

Auch hier kann man einwenden, dass das eben das allgemeine Los eines Vertreters ist, doch soll der Pharmaaußendienst letztlich im Dienste der Gesundheit stehen und nicht nur andere Wettbewerber ausstechen, oder?

Ich meine: Was würden die meisten Patienten davon halten, wenn sie wüssten, dass sie nun plötzlich ein bestimmtes Medikament verordnet bekommen, weil ein Vertreter durch Nettigkeit den Arzt überzeugen konnte oder sich beispielsweise mit Fortbildungsveranstaltungen erkenntlich zeigte?

Wenn häufig Sympathie entscheidet, kann wohl nicht hauptsächlich die chemische Wirkung im Organismus letztlich das entscheidende Kriterium für die Verschreibung sein, oder?

Jedenfalls konnte ich selbst bei den Verordnungszahlen feststellen: In Gebiete, in denen kein Pharmareferent auftauchte, wurde unsere Präparat eher selten verschrieben. Sobald man wieder Vertreter in ein Gebiet schickte, gingen die Umsatzzahlen wieder nach oben.

(Doch ich möchte mich in einem späteren Kapitel mit meinen Erlebnissen im Pharmaaußendienst beschäftigen).

1. 3 Beeinflussung von Pharmareferenten und Ärzten durch Studienergebnisse

Ich kann mich speziell noch an eine Studie namens „Value" erinnern, deren wesentliche Ergebnisse wir auswendig lernen mussten und später auch im Abschlusstest abgefragt wurden.

Das für die Firma „wesentliche" Ergebnis tauchte dann auch in einem unserer bunten Folder, also bunte Büchlein" mit viel Graphik und wenig Text auf, die wir später den Ärzten präsentieren sollten. Schließlich sei der Mensch als solches visuell orientiert und deshalb sei es– auch aus Sicht von Marketingexperten– sinnvoll, den zu beeinflussenden Menschen plakatives Material hinzuhalten.

Diese Weisheit musste ich mir auch später von meinem Regionalleiter, der mich ab und zu begleitete, anhören.

Die VALUE (Valsartan Antihypertensive Long-term Use Evaluation) Studie untersuchte, ob Patienten mit hohem Blutdruck und hohem Risiko für kardiovaskuläre Erkrankungen stärker von dem Angiotensin-Rezeptor-Blocker Valsartan profitieren oder die Zahl der Herzerkrankungen und Todesfälle durch den Calcium-Antagonisten Amlodipin reduziert werden kann.

Etwa 15000 Patienten aus 31 Ländern (Menschen über 50 mit unbehandeltem oder behandeltem hohem Blutdruck) wurden zufällig in zwei Gruppen eingeteilt, die entweder mit Valsartan oder Amlodipin behandelt wurden.

Es bestand kein Unterschied im Auftreten von Herzerkrankungen zwischen den beiden Gruppen, obwohl die initiale Blutdrucksenkung bei Patienten unter Amlodipin-Behandlung ausgeprägter war. Weniger Patienten in der Valsartan-Gruppe (13 Prozent) entwickelten Typ-2-Diabetes verglichen mit Patienten der Amlodipin-Gruppe (16 Prozent). [3]

Letztlich konnte also nicht gezeigt werden, dass es durch „Valsartan" zu weniger Todesfällen im Vergleich zur Vergleichsgruppe kam, aber immerhin stellten kluge Statistiker bei so vielen Patienten doch noch einen signifikant positiven Effekt fest. Nämlich weniger Diabetes-Fälle.

Dieses Ergebnis, das mit der ursprünglichen Fragestellung zwar gar nichts zu tun hatte, wurde auch im Folder präsentiert.

Dass dies gar nicht die zu überprüfende These war trat dabei nicht zutage.

Nun wissen aber auch schon „Schmalspur-Statistiker": „Je größer der Stichprobenumfang, desto größer die Wahrscheinlichkeit, einen Effekt zu entdecken.
Bei einer Stichprobe von 15000 Patienten ist es folglich wahrscheinlich einen nicht-signifikanten Effekt zu entdecken.
Wie gut, dass das auch die Pharmaindustrie weiß und mittels der Medianpaarung eben noch den Vorteil mit der „geringeren Anzahl an Diabetesfällen" feststellen konnte.
Bleibt natürlich die Frage, ob bei genauerer Untersuchung nicht noch andere „Signifikanzen" gefunden worden wären: z.B. weniger Fußpilze bei der Amlodipin-Gruppe, aber angesichts der hohen Anzahl an Fußpilz-Mittel, die man bereits kaufen kann, hätte man dieses Ergebnis vielleicht auch schlecht vermarkten können.
Als ich mit Kollegen mal über die wissenschaftliche Aussagekraft von solchen Studien reden wollte, konnten diese mit meinen kritischen Fragen nicht viel anfangen; sie waren froh, sich den Namen der Studie, Patientenzahl oder Signifikanzniveau merken zu können, schließlich müsse man ja den Abschlusstest bestehen und der Firma beweisen, dass man ein kompetenter Berater sein würde.
Man war sich wohl auch bewusst, dass man nicht angestellt wurde um kritische Fragen zu stellen.
Ich stellte während der Tätigkeit im Außendienst fest, dass der Großteil der Ärzte weder besondere Lust hatte, Folderseiten zu betrachten, geschweige denn dargestellte Studienergebnisse zu hinterfragen, auch wenn dies mein erster Regionalleiter so nicht stehen lassen wollte. Ein Neuling könne so etwas nach ein paar Besuchen sowieso nicht beurteilen.
Ich erinnere mich noch an einen Lungenfacharzt, den ich fragte, was er denn von einer speziellen „Asthma-Studie" hielt; worauf dieser zwar lapidar antwortete:„ Nix", trotzdem aber gerne die Muster möglichst in hoher Anzahl einsackte, die ich ihm vorbeibrachte.

Ich fragte mich dann manchmal, wer hier eigentlich manipuliert werden sollte: Die Pharmareferenten, die natürlich am besten selbst vom Produkt überzeugt sein sollten oder die Ärzte, die sich doch eigentlich nicht ernsthaft von einem „Nicht-Mediziner" beraten lassen wollten.

(Ich finde den Begriff „Pharmaberater" wie gesagt eher unzutreffend. Es handelt sich eben doch um Pharmavertreter, die vor allem freundlich sein müssen. Von einem Entgegentreten auf Augenhöhe oftmals keine Spur, auch wenn das so mancher meiner ehemaligen Kollegen gerne so gesehen hätte.

Aber vielleicht ist das auch der Grund, warum Ärzte überhaupt Pharmareferenten nach wie vor begrüßen. sie mögen es eben – wie die meisten Menschen – umschmeichelt zu werden.

1.4 Folgen der Fusionierungen zwischen den Pharmafirmen

Der Mensch will seinen Frust gerne an jemand anderen ablassen; bei Fusionen wie zwischen S-Pharma und U-Pharma weiß kein Mitarbeiter so recht, wie es mit ihm in nächster Zeit weitergeht, selbst wenn man bei einer Firma seit Jahren etabliert ist.

Das ist wohl im allgemeinen die Folge der freien Wirtschaft und des Strebens nach kurzfristigen Gewinnen zu Gunsten der Aktionäre, doch kann ich kaum mehr aufzählen, wie viele Fusionierungen es allein in den letzten 5 Jahren zwischen den Pharmafirmen gab. Irgendwann existieren vielleicht noch drei große Firmen und dabei auch Preisabsprachen, so dass nur noch von Pseudokonkurrenz zu sprechen ist.

Angesichts von „Comarketing" und vielen ähnlichen Produkten auf dem Markt ist dies in gewisser Weise jetzt schon der Fall.

Nachdem zunehmend Druck auf die Pharmaindustrie durch Politik oder Kassenärztliche Vereinigung ausgeübt wird, sehen sich viele Firmen nur noch durch Fusionierungen konkurrenzfähig, obwohl nach wie vor die Gewinne der börsennotierten Pharma-Firmen üppig ausfallen. Letztlich muss dies dann der „normale" Angestellte ausbaden, der auch durch bestmöglichen Einsatz zum Schluss nicht verhindern kann, dass er doch entlassen wird, weil das z.b. von einer Unternehmensberatung als geeignete Methode zur Kostensenkung empfohlen wurde.

Eben deshalb wird man auch im Pharmaaußendienst eher selten direkt angestellt und so ist es den Firmen möglich, sich relativ schnell der vom Dienstleister kommenden Mitarbeiter bei Bedarf zu entledigen. Angesichts boomender Zeitarbeit nicht nur eine verbreitete Situation in der „Pharma-Arbeits-Welt".

1. 5 Pharmaaußendienst in der Praxis

Nach 4 wöchiger Produktschulung – also nach der Halbzeit- sollten wir zum ersten Mal unser Glück bei den Ärzten für 2 Wochen versuchen.

Ich hatte einen Tourenplan ausgehändigt bekommen, auf denen die Ärzte aufgeführt waren, die ich besuchen sollte.

Mein erster Arbeitstag führte mich nach Regensburg und hätte nicht demotivierender sein können.

Ich stellte meinem ersten Kunden die Frage, ob er denn schon „Provas" verordnete, worauf dieser erst mal seinen Frust an mir abließ.

Er könne ja nicht ständig die teuren At1-Blocker verschreiben, er käme ja ständig in Regress (**Unter Regress versteht man im Kassenarztwesen eine Strafzahlung, die dann von einer Prüfungskommission angeordnet werden kann, wenn ein Arzt -im Vergleich zum Fachgruppendurchschnitt- das durch Festlegung sog. Richtgrößen berechnete Arznei-, Hilfs- oder Heilmittelbudget signifikant überschritten hat. Diesen Ersatzanspruch hat der Arzt zu tragen, obwohl ihm der eingeforderte Betrag nicht als Honorar für persönliche Leistungserbringung verbucht wurde.**)

Dass „Provas" aber doch jetzt der günstigste At1-Blocker sei, ließ er da auch nicht gelten.

Schließlich würden das die Vertreter der anderen Firmen auch behaupten.

Ich überreichte ihm dann – einigermaßen frustriert - einen Micraltest im Wert von 30 Euro als Werbegeschenk, den er zwar gerne annahm, aber ihn wohl zu keiner (damit kann man Testen, ob die Niere gesund ist) Verordnung bewegen würde

Er unterschrieb auf meinem Musterbelegzettel, denn eine Packung „Provas" hatte ich ihm ja dagelassen. Dies diente auch zur Dokumentation der Besuche.

Ich stieß dann auch auf ein, zwei Arztpraxen, die nicht empfangen wollten, weil ja Montag war oder schon nach 11. Überhaupt stellte ich im Laufe meiner Arbeit fest, dass die Ärzte am liebsten Mittags empfangen würden. Aber wie sollte man dann auf den geforderten Besuchsschnitt kommen?

Ein Arzt fragte mich, ob es mir nicht gut ginge, weil ich so blass aussähe (anscheinend hatten die ersten frustrierenden Erfahrungen schon auf mich abgefärbt), worauf ich mir dann erst mal in der nahe gelegenen Apotheke Rouge kaufte.

Bei vielen Medizinern ist eben auch das „Helfersyndrom" ausgeprägt.

Immerhin stieß ich noch auf einen netten Doktor, in dessen Wartezimmer ich zwar erst mal eine Stunde warten musste, der sich aber scheinbar für mich und meine Produkte interessierte. Vielleicht tat ich Neuling ihm aber auch einfach nur Leid.

Nachdem er aber meinte, er würde unsere Präparate „Provas" und „atmadisc" sowieso schon verordnen, ging ich auch mal zufrieden aus einer Praxis.

Von den geforderten 6-8 Arztgesprächen pro Vormittag (am ganzen Tag sollten es ja ca 10 sein), war ich an meinem ersten Arbeitstag wohl weit entfernt, aber ich war ja auch Anfänger, dachte ich mir. Das würde schon noch werden.

Nachmittags lernte ich meine künftigen Gebietskollegen, kennen.

Mein Regionalleiter konnte bei unserem ersten Teamtreffen zu seinem eigenen Bedauern nicht anwesend sein, denn so konnten Leute auf mich Einfluss nehmen, von denen er selbst- wie ich später feststellte, aufgrund deren schlechter Umsatzzahlen nicht mehr viel hielt.

Es waren drei ältere Kollegen: Ina Schmidt, bereits um die 60 deutlich jünger wirkend. Sie hatte sich wohl bisher wenig stressen lassen. Ursprünglich hatte sie Lehramt studiert aber hätte damit weniger verdient als in der Pharmaindustrie.

Hans Schulz, ebenfalls um die 60, studierter Betriebswirt, der somit auch in eine eher fachfremde Position gewechselt war und schließlich Jens Hartmann, Anfang 50, der anscheinend wenig erbaut darüber war, jetzt einen Regionalleiter von S-Pharma als alteingesessenen „U-Pharmler" vor die Nase gesetzt bekommen zu haben. Jetzt müsse er darauf hören, was ihm ein auch noch jüngerer Regionalleiter sagte.

Er machte aus seinem Unmut keinen hehl und fand es ebenso wenig erfreulich, dass ich größtenteils dieselben Ärzte besuchen würde wie er.

Die Selektion der für mich bestimmten Ärzte stand auf der Tagesordnung. So richtig einig war man sich diesbezüglich allerdings nicht. Für mich sollten ca. 200 Ärzte ausgesucht werden. Die höherpotenten also öfter nerven statt mehr Ärzte seltener. Das war von der Führungsetage so festgesetzt worden.

Manch einen Arzt hatten meinen Kollegen ausschließlich für sich selbst reserviert, aus Sicht von Jens blieben auch gar nicht mehr so viele übrig, die man besuchen konnte oder die überhaupt noch empfingen.

Für ihn waren die meisten Ärzte „Arschlöcher", was ihn allerdings nicht davon abgehalten hatte, diese seit fast 20 Jahren zu besuchen. Die Prämien waren wohl doch zu üppig gewesen als dass man solch einen Job hätte aufgeben können. Als medizinisch-technischer Angestellter war er jedenfalls schlechter bezahlt worden als dann als Vertreter im Dienste der Pharmaindustrie.

1. 5. 1 Das spezielle Eingehen auf den Arzt: Wie wichtig ist Sympathie für die Umsatzgenerierung?

Tatsächlich wurde uns schon in der Produktschulung erzählt, dass Ärzte „neuen Gesichtern" recht viel Persönliches erzählten.
Vielleicht hat man zu unverdorbenenen Neulingen noch mehr Vertrauen.
So erfuhr ich von den Schulden manch eines Doktors, von der persönlichen Abneigung eines Arztes gegenüber der Pharmaindustrie (obwohl er immer noch empfing) oder dass bei ihm Krebs diagnostiziert worden war und er sich deshalb demnächst einer Chemo-Therapie unterziehen musste.
Es ist eben ein Bedürfnis des Menschen sich einfach „auskotzen" zu dürfen und wenn man schon zu keinem Psychologen geht, tuts eben auch der Pharmavertreter, der ja auch irgendwie dafür bezahlt wird.
Andere hingegen wollten nicht zu viel Zeit mit den „Gesandten der Pharmaindustrie" vergeuden und fertigten einen innerhalb weniger Minuten an der Theke ab, nahmen zwar die Muster und Werbegeschenke dankend an, ließen sich aber von Haus aus auf kein längeres 4-Augen-Gespräch ein.
In solchen Situationen kam man sich dann tatsächlich eher wie ein „Musterüberbringer" vor, aber das gehörte eben zum Job.
Im Groben konnte man die Ärzte anhand 3 unterschiedlicher „Bedürfnisse" einteilen, die es zu befriedigen galt:

- Ärzte mit ausgeprägtem Helfersyndrom, die auch gerne Privates erzählten. (Am besten redete man dann eben auch über Persönliches mit ihnen).

- Ärzte, die vor allem an ihren finanziellen Vorteil dachten, gerne Muster oder Werbegeschenke einsackten und Fortbildungen bezahlt bekamen.

- Und schließlich Mediziner, die tatsächlich an fachlicher und wissenschaftlicher Aufklärung interessiert waren (also durchaus gerne etwas zu einer Studie oder zur Wirkungsweise des Medikaments erzählt bekamen).

Natürlich waren die meisten Ärzte Mischformen, doch muss ich gestehen, dass ich trotz so mancher frustrierenden Erfahrung viele Mediziner in positiver Erinnerung behalten werde. (Gut sooo lang war i dann auch nicht Pharmareferentin).

Anhand der Verschreibungszahlen merkte ich, dass dieses Eingehen auf die „Bedürfnisse" des Arztes ausschlaggebend für die Umsatzgenerierung war; vorausgesetzt es wurde bei den Ärzten auch ab und zu das Präparat erwähnt.

Natürlich freute es mich, wenn aufgrund des persönlichen Gesprächs etwas verordnet wurde und ich musste meinem ersten Regionalleiter wohl auch im Nachhinein Recht geben, wenn er meinte: „In diesem Geschäft geht nichts von allein".

Auch wenn dem Pharmaaußendienst schon lange das Ende prophezeit wird, boomt er nach wie vor, insbesondere der Klinikaußendienst.

Wenn man allerdings eine positive Korellation (= Zusammenhang) zwischen Besuch des Pharmavertreters beim Arzt und dessen Verordnungsverhalten feststellen kann, muss doch im Umkehrschluss nicht zutreffen, es werde das für die Gesundheit förderlichste Präparat verordnet.

Nun kann man einwenden, dass der Pharmaaußendienst ja eben auch über besonders innovative Produkte referiert und somit seien die Präparate auf dem neuesten Stand der Wissenschaft, doch muss man eben ganz klar sagen, dass es nicht so viele Innovationen sind, die vom Pharmaaußendienst vorwiegend besprochen werden.

So werden beispielsweise bei den vielen Asthmakombinationspräparaten oft altbewährte Wirkstoffe unterschiedlich miteinander kombiniert und dann als Innovation angepriesen.

Mal wird das Corticoid *Fluticason* mit dem Betha2-Sympathomimetikum *Formoterol* kombiniert, mal beispielsweise mit dem Betha2-Sympathomimetikum *Salmeterol*. Dann wiederum *Salmeterol* mit dem altbekannten *Beclometason* u.s.w; also letztlich altbekannte Wirkstoffe in neuartiger Zusammensetzungen. Natürlich gibt es dann auch wieder eine Studie, die die Vorteile des eigenen Präparats belegt.

Aber somit dürfte auch eines klar zutagetreten: Es werden immer weniger „Blockbuster" wie „Viagra", die alleine durch ihre durchschlagende und neuartige Wirkungen überzeugen, auf den Markt gebracht.

Darum setzt man auf den persönlichen Kontakt von Mensch zu Mensch oder eben auf das Ködern mithilfe anderer „Gefälliggkeiten".

Aber würde die Pharmaindustrie auch Milliarden für den Außendienst ausgeben, wenn es sich nicht rentieren würde?

So berichtet Jörg Camp, Geschäftsführer der Causalo Gesellschaft für Zeit- und Organisationsmanagement von derzeit „überwiegend spontan" in die Praxen rennenden 14.000 aktiven Außendienstlern (um 2001 waren es noch über 25.000). Bei rund 1.600 geforderten Außendienstbesuche, multipliziert mit rund 100 Euro, die jeder Außendienstbesuch im Schnitt kostet, macht das dann die stolze Summe von 2,2 Milliarden Euro jährlich aus und damit immerhin rund 10 Prozent des GKV (Gesetzliche Krankenversicherung)-Arzneimittelmarkts.

Damit wird ein Außendienst finanziert, der bis heute als eines der wirkungsvollsten, aber eben auch teuersten Marketinginstrumente der pharmazeutischen Industrie gilt – aber dessen Lebenskurve eher im Niedergang ist. Staatliche Regulierungsversuche -angefangen bei Rabattverträgen bis hin zu gesetzlichen Bestimmungen - machen es immer schwieriger, auf das Verschreibungsverhalten Einfluss zu nehmen.

Doch wie gesagt: Es gibt nach wie vor innerhalb der Pharmaindustrie gute Anstellungsmöglichkeiten, auch für Akademiker. [4]

1. 6 Wie wirksam ist Marketing für pharmazeutische Produkte: Wie stark werden Ärzte von der Pharmaindustrie beeinflusst?

Als starke Marke etablierte Produkte sind stärker im Bewusstsein verankert und den Käufern gegenwärtiger als konkurrierende Produkte. Bei der Wahl zwischen zwei oder mehr Produkten kann sich dies unbewusst auf die Kaufentscheidung auswirken. In einer amerikanischen Studie wurde jetzt untersucht, ob sich dieses Prinzip auch auf den Medikamentenbereich übertragen lässt. Die Hypothesen der Forscher lauteten: 1. Medizinstudenten, die einem Objekt ausgesetzt sind, das Werbung für eine Marke trägt, zeigen eine positivere Haltung gegenüber dem Produkt durch die Bahnung positiver Assoziationen als Medizinstudenten einer Vergleichsgruppe. 2. Die restriktive Politik einer Universität in Bezug auf pharmazeutisches Marketing mindert diesen Effekt durch die erhöhte Sensibilität für die Beeinflussungstaktiken.
Zur Beantwortung dieser Frage führten die Forscher eine randomisierte kontrollierte Studie durch.

352 Medizinstudenten im 3. und 4 Studienjahr aus zwei Universitäten wurden nach dem Zufallsprinzip in zwei Gruppen eingeteilt. Eine der Universitäten (University of Pennsylvania School of Medicine) verfolgt einen restriktiven Umgang mit Pharmavertretern. Geschenke, Mahlzeiten und Medikamentenmuster sind verboten. Die andere Universität (University of Miami Miller School of Medicine) lässt diese Marketingbemühunge zu.
Die Studenten kannten den eigentlichen Zweck der Studie

nicht, sie wussten nur, dass es um klinische Entscheidungsfindung ging.

Alle Studenten mussten einige schriftliche Angaben auf einem Notizbogen machen und anschließend den Implicit Association Test (s.u.) am Computer durchführen. Die Exposition bestand darin, dass auf dem Notizbogen einer der beiden Gruppen der Name und das Logo des Blutfettsenker Lipitor® (in Deutschland Sortis®, Substanz: Atorvastatin) angebracht war, ebenso auf dem Klemmbrett, auf dem der Notizbogen befestigt war. In der Kontrollgruppe waren Klemmbrett und Notizpapier neutral.

In dem Test ging es um den Vergleich von Lipitor® mit dem Konkurrenzprodukt Zocor® (Substanz: Simvastatin) einem medizinisch zumindest gleichwertigen Blutfettsenker.

Der Implicit Association Test (IAT) misst unbewusste Haltungen und Bewertungen. Der IAT ist in der psychologischen Forschung und im Marketing weit verbreitet. Aufgabe des Probanden ist es, Objekten Merkmale zuzuordnen, ohne dabei Bedenkzeit zu haben. Der Vergleich der Reaktionszeiten bei der Zuordnung von Merkmalen zu zwei zu vergleichenden Objekten erlaubt Rückschlüsse über die implizite Haltung des Probanden.

Die explizite Haltung der Studenten wurde mit einem Fragebogen erfasst, auf dem sie Lipitor® und Zocor® nach mehreren Dimensionen bewerteten

Die Tests zeigten, dass alle Studenten Lipitor® positiver bewerteten als Zocor®, also auch die Studenten der Kontrollgruppe. Unterschiede ergaben sich zwischen den beiden Universitäten. In Miami (wenig restriktiv bezüglich Pharma-Marketing) zeigten die exponierten Studenten eine stärkere Bevorzugung von Lipitor als die Kontrollen. In Penn (restriktiv bezüglich Pharma-Marketing) hingegen zeigten die exponierten Studenten eine geringere Bevorzugung als die Kontrollstudenten.

Die Studie zeigt, dass bereits eine subtile Werbung für ein

Medikament wirksam ist. In einem Umfeld, dass die gängigen Methoden des Pharmamarketings zulässt, wird die positive Bewertung eines Medikaments verstärkt. Sind Geschenke und gesponserte Mahlzeiten verboten, kehrt sich der Effekt um - die positive Bewertung wird abgeschwächt.

Diese Studie bestätigt und erweitert das vorhandene Wissen darum, wie Ärzte von der Industrie beeinflusst werden. Das Besondere an dieser Studie ist die Untersuchung einer eher schwachen Exposition (Anblick des Namens und Logos eines Medikaments) und der Nachweis der Auswirkung auf die implizite, also eher unbewusste Bewertung. Weiterhin ist hervorzuheben, dass die Auswirkung der Exposition gegensätzlich war, je nach Umfeld. Ein Pharmamarketing-freundliches Umfeld verbessert und ein kritisches Umfeld verschlechtert die Bewertung eines Medikaments.

Ein Blick auf die umsatzstärksten Medikamente in Deutschland zeigt, dass Ärzte häufig stark beworbene Medikamente verordnen, auch wenn gleichwertige, teils sogar überlegene Medikamente zur Verfügung stehen, die stets preiswerter sind. Unter den 15 umsatzstärksten Medikamenten befinden sich 6 Präparate, die als Variante ohne besonderen Stellenwert und 5 Präparate, die als umstrittene Mittel bewertet werden. [5]

Rang	Präparat	Wirkstoff	Umsatz 2 in Mio. €
1	Risperdal	Risperidon	252,6
2	Enbrel	Etanercept	247,5
3	Zyprexa	Olanzapin	236,5
4	Humira	Adalimumab	231,0
5	Symbicort	Formoterol + Budesonid	214,3
6	Rebif	Interferon beta-1a	213,3
7	Plavix	Clopidogrel	212,4
8	Glivec	Imatinib	203,3
9	Viani	Salmeterol + Fluticason	200,0
10	Betaferon	Interferon beta-1b	193,1
11	Spiriva	Tiotropiumbromid	185,1
12	Avonex	Interferon beta-1a	176,7
13	Pantozol	Pantoprazol	170,2
14	Seroquel	Quetiapin	157,7
15	Iscover	Clopidogrel	155,8

Tabelle 2: Die umsatzstärksten Medikamente 2007. nach U. Schwabe, D. Paffrath. Arzneiverordnungsreport 2008, Springer Medizin Verlag Heidelberg, 2008. ISBN: 978-3-540-69218-8

→Fazit aus dieser Studie sollte sein, werbende Einflüsse auf Ärzte so weit wie möglich zu unterbinden, damit sie ihren Patienten die besten und nicht die am stärksten beworbenen Medikamente verordnen.

1. 7 Qualität des bisherigen Außendienstes

Qualität statt Quantität ist gefordert. Dazu braucht es sicherlich nicht mehr so viele Kontakte wie bisher, dafür aber weit längere als bisher. Dem Außendienstler waren im Schnitt eben auch nur sieben Minuten gegönnt , in denen er bis zu drei Produkte

40

„besprechen" musste. Doch mit der Qualität auf Seiten des Außendienstes, der wieder
zu einem wichtigen und ernsthaften Gesprächspartner der Ärzte werdenkönnte, ist es (teilweise) noch nicht so weit her, wie eine Studie von Dr. Karen Focke-Hecht, Lehrbeauftragte an der Essener FH für Ökonomie und Management sowie der IHK Düsseldorf/Bonn und obendrein Gesellschafterin von health activate 24, herausfand. Sie befragte in diesem Jahr die komplette Außendienstlinie einer großen pharmazeutischen Firma und fand: pures Unwissen jenseits der reinen Produktebene. So antworteten beispielsweise 75 % der befragten Außendienstler, dass sie keine Kenntnisse darüber hätten, welche Aufgaben das IQWiG hätte, weitere 20 % räumten wenigstens rudimentäre Kenntnisse ein. Bei der Frage, was genau ein MVZ sei, konnten fast 50 % der Befragten keine Antwort geben.

Und was man unter integrierter Versorgung versteht, war 37 % der befragten Außendienstler unklar, knapp 50 % gaben „rudimentär Wissen" an durch. Sogar was Rabattverträge sind und zwischen wem sie geschlossen werden, scheint ein Buch mit sieben Siegeln zu sein: Knapp 30 % des Außendienstes hat gar keine Ahnung, was das sein soll und der Großteil gibt nur rudimentäres Wissen an.

Ist angesichts dieser Fakten von einer Begegnung auf Augenhöhe zu sprechen?
Ich denke „Nein", doch war dies für erfolgreiches Verkaufen eben teilweise nicht von Nöten.

Wie gesagt: Durch Sympathie, Ködern mit Fortbildungen oder Mustern kann man die Gunst des Arztes gewinnen und damit letztlich zur Verschreibung des Präparats beitragen.

Auch Ärzte mögen eben gerne umschmeichelt werden.
So hat sich der Pharmaaußendienst eben entwickelt und mit diesen Gegebenheiten musste man auch irgendwie zurechtkommen.

Von kompetenter Beratung durch den Außendienstler ist aber bezüglich vieler Themengebiete nicht auszugehen.

1. 8 Willkürliche Entscheidungen von Führungskräften

Herr Wällisch hatte so seine Probleme mit Jens Hartmann, mit dem ich mich zum Schluss sogar einigermaßen verstand. Das Gebiet, das ich mit meinen 2 Kollegen besuchte (Ina war nach 2 Monaten der Zusammenarbeit in Vorruhestand gegangen) stand von den Umsatzzahlen eher schlecht da. Dies lag vielleicht auch an der geringen Einsatzfreude der Kollegen, die sich auf den baldigen Ruhestand freuten. Jens zählte die Tage, bis er endlich aufhören konnte und ob Ina und Hans überhaupt noch so viele Arztgespräche wie angegeben führten, war für mich zweifelhaft. Schließlich war es kaum nachprüfbar, ob ein Gespräch tatsächlich stattgefunden hat oder nicht, solange man Unterschrift und Stempel zum Beweis hatte.

Als ich dann mal wieder bei einem Teamtreffen mit den Kollegen und Herrn Wällisch zugegen war, stand diesem die Anspannung aufgrund des Druck „von oben" ins Gesicht geschrieben.

Als wir dann die Selektion durchgingen fiel ihm auf, dass ich manchen Arzt in die Selektion aufgenommen hatte (Ich hatte also einen besuchten Arzt im Computersystem gelb markiert, was man innerhalb von zwei Sekunden auch wieder rückgängig machen hätte können), ohne dies explizit mit ihm abgesprochen zu haben.

Das lag daran, weil die aus meiner Sicht sowieso nicht richtig festgelegt worden war und ich dadurch einen besseren Überblick hatte. Um auf durchschnittlich 8 Arztkontakte zu kommen, sah ich mich also gezwungen z.B. um kurz vor 12, wenn bald alle Arztpraxen schließen würden, eben z.B. die nächstgelegene aufzusuchen, um noch einen „call" mehr zu schaffen.

In dem Glauben, das bestmögliche für den Umsatz zu tun, platzte Herrn Wällisch bei Sichtung dieses Tatbestands der

Kragen, konnte nicht verstehen, warum ich so etwas „eigenmächtig" getan hatte. Gut in Zukunft hätte ich es dann schon so gemacht wie mein Chef es wollte, es war eben ein „Anfängerfehler" eines zu „engagierten" Neulings.

Wohl hatte er Angst, dass nun die gesamte Statistik durcheinandergekommen war. Schließlich sollte ich ja anscheinend nicht mehr als 250 Ärzte besuchen. Ob das alles so praxistauglich war, interessierte ihn nicht mehr.

Statistik ist Statistik und Vorgaben sind Vorgaben – egal wie sinnvoll. Er stünde angeblich bei solchen Tatsachen schlecht dar. Ich bin mir zwar sicher, dass er bei gutem Willen das auch hätte erklären können, aber irgendwie fühlte er sich indirekt nicht gebührend behandelt.

Da er natürlich einen besseren Draht zur Geschäftsleitung hatte, konnte ich fast noch froh sein, dass ich den Rest des Monats mein Gehalt bekam und freigestellt wurde.

Ich hatte keine Chance mehr, mich zu beweisen. Ob ich nun einfach seinen Frust abbekommen hatte oder er zu viel in meine „ungehörige Tat" hineininterpretiert, weil auch Frau Costa sicherlich nicht allzu positiv von mir gesprochen hatte, weiß ich nicht. Er wollte nicht mehr zusammenarbeiten mit mir und damit basta. „Ober sticht den Unter", so auch in der freien Wirtschaft.

Man hatte für mich einen Haufen Geld ausgegeben (Für Produktschulung, Hotelzimmer, Fahrten nach Nordrhein-Westfalen mit Bahn und PKW) ohne dass ich die Chance bekam, den Umsatz wieder reinzuholen.

Doch nicht nur ich hatte die „Launen" und Willkür von Leuten aus den „oberen Ebenen" zu spüren bekommen.

Während meiner Zeit im Außendienst für „J-C-Pharma" hatte ich mitbekommen, wie einem erfahrenen Kollegen aus Mecklenburg-Vorpommern um die 50 wie aus heiterem Himmel gekündigt wurde.

Dieser hatte eigentlich immer von einem positiven Verhältnis zu seinem Vorgesetzten berichtet. Es gab keine Anzeichen für eine Kündigung. Doch nachdem er sich noch in der Probezeit befand, war es dem Arbeitgeber möglich, ohne weitere Angaben von Gründen, den Mitarbeiter zu entlassen.

Ob der Regionalleiter nun tatsächlich an seinen Fähigkeiten zweifelte oder er ein persönliches Problem mit ihm hatte wusste der Mitarbeiter selbst nicht, da er es von seinem Chef nicht erfahren hatte.

Vielleicht hatte er ihm auch zu wenig „Honig ums Maul geschmiert".

Die 20 jährige Berufserfahrung hatte ihn nicht davor bewahrt, jetzt wieder von „Harz-4" leben zu müssen.

So ist es eben in der freien Wirtschaft dachte sich wohl auch der Regionalleiter, nicht sein Problem, wie es mit dem ehemaligen Mitarbeiter weiterging.

Nun durfte man eben wieder einen neuen Mitarbeiter zur Produktschulung schicken und ins Team integrieren. Aber immerhin hatte der Regionalleiter seine Macht demonstriert. Vielleicht würden die restlichen Mitarbeiter nun umso bemühter sein, es sich nicht mit ihm zu verscherzen.

(Übrigens hatte ich auch miterlebt, wie man innerhalb einer zweimonatigen Einstellungsphase für J-C-Pharma nicht besonders wählerisch bei der Wahl der Mitarbeiter war.

Man stellte z.B. einen gebürtigen Kuwaiter ein, um dann nach der Produktschulung festzustellen, dass er nicht so gut Deutsch konnte und stellte ihn deshalb nach 2 Wochen Außendienst wieder aus.

Gutes Deutsch zu sprechen sei im Außendienst doch irgendwie wichtig.

Die für diesen Mitarbeiter angefallenen Kosten juckten weiter niemand.

1. 9 Der Wert von Regionalleitern: Manager in der „Sandwich-Position"

Herr Wällisch hatte Geschichte und Soziologie studiert und es durch viel Einsatz in eine eher fachfremde Position geschafft. Er war im Verkauf recht erfolgreich gewesen, sicherlich zu einer Zeit, in der man im Außendienst durch Provisionen fast noch richtig reich werden konnte. (Mit Fortbildungen und Reisen war es gut möglich Ärzte zu „ködern" und zur Verschreibung der eigenen Präparate zu bewegen. In letzter Zeit kamen solche Veranstaltungen der Pharmaindustrie zunehmend in Verruf, so dass sie auch nicht mehr in solchem Ausmaß stattfanden und finden).

Herr Wällisch jedenfalls war befördert worden und bekam die Position des Vertriebsleiters.

Die Tätigkeit, die er dann aber ausübte, war eigentlich eine andere.

Sicherlich hat man sowohl als Vertreter als auch als Vorgesetzter mit Menschen zu tun.

Allerdings erreichte er als Verkaufsprofi seinen Umsatz – wie mir ehemalige Kollegen berichteten- vor allem durch Eigenschaften wie Zuverlässigkeit (wenn er sagte er brächte einem Arzt noch ein Muster, tat er das auch), oder Fleiß (er besuchte seinen letzten Arzt nicht vor 6 Uhr abends), also eben persönlichen Ehrgeiz.

Als Führungspersönlichkeit sind aus meiner Sicht allerdings vor allem folgende Eigenschaften entscheidend: Die Fähigkeit maximale Motivation aus dem Mitarbeiter herauszuholen, gute Menschenkenntnis und für ein gutes Arbeitsklima zu sorgen.

Sicherlich spielt auch das fachliche „Know-How" eine gewisse Rolle, doch jeder Insider der Pharmaindustrie wird wissen, dass es nicht allzu problematisch ist, dieses sich auch bei der beschränkten Anzahl an zu besprechenden Präparaten anzueignen.

So kann es manchmal eben auch eine unglückliche Entscheidung bedeuten, einen Mitarbeiter aus einer Position heraus, in der er gut „funktioniert", in eine andere zu befördern. Dann können nämlich plötzlich ganz andere „Soft skills" entscheidend sein.

Herr Wällisch hatte sich – obwohl er seine Mitarbeiter nur wenig motivieren konnte und sich eher zu schnell als zu spät von einem aus seiner Sicht unliebsamen oder unfähigen

Mitarbeiter trennte, viele Jahre in der Position des Vertriebsleiters gehalten.

Vorwiegend wohl aus einem Grund: Während er seinen Frust nach unten weitergab und nicht filterte, buckelte er nach oben, d.h. seinen Vorgesetzten gegenüber zeigte er absolute Loyalität und probierte die Vorgaben – egal wie schwierig und sinnvoll es in der Praxis war- möglichst korrekt umzusetzen.

Da in der Arbeitswelt eben häufig genau wie im Spiel der Spruch „Ober sticht den Unter" gilt, fährt man mit dem eben beschriebenen Arbeitsstil wohl im Durchschnitt recht gut.

„Hexal" beispielsweise hat allerdings bewiesen, dass es auch ohne Regionalleiter geht.

Die Pharmareferenten wollen eigenständig Umsatz erzielen, um gute Provisionen zu bekommen. Das ist Motivation genug und dafür braucht man keinen äußeren Antreiber, da der „innere Antreiber" groß genug ist.

1. 10 Verschwenderisches Pharmamarketing: Muster, Fortbildungen und Folder

Zu meiner Zeit im Außendienst war es üblich (und ich gehe davon aus, dass sich auch in Zukunft nichts daran ändern wird), die Arztpraxen mit Werbegeschenken auszustatten.

Kugelschreiber oder Taschenrechner fand ich genauso wie „diagnostische Tests" zumindest sinnvoll; auch über Gummibärchen oder Blumentöpfe konnten sich zumindest die Arzthelferinnen freuen.

Auch wenn auf der Visitenkarte der Name „Pharmaberater" stand, assoziierten viele Arzthelferinnen mit dem Pharmareferenten so etwas wie „Geschenkeüberbringer".

Ich hatte nichts dagegen, ein bisschen Freude und Aufmunterung in die tägliche Arztroutine zu bringen, doch sollten wir (wie in Stellenbezeichnungen beschrieben) den Arzt doch in erster Linie fachlich überzeugen, oder nicht?

Stattdessen erwarteten vor allem Lungenfachärzte, dass wir bei einem Besuch ihrer Praxis ausreichend Muster vorbeibrachten.

Selbst wenn es gesetzlich eigentlich vorgeschrieben war, nicht mehr als 2 Muster pro Arzt und pro Jahr auszuhändigen, war das nicht die Realität.

Da gerade bei der Verordnung von Asthma und COPD-Medikamenten die Pulmulogen letztlich für den Hauptteil der Verschreibungszahlen verantwortlich sind (häufig ist es auch so, dass die Allgemeinärzte das Präparat weiterverordnen, das vom Facharzt eingestellt wurde) kam es (auch auf Anweisung des Regionalleiters) vor, dass einem Arzt bis zu 10 Muster ausgehändigt wurden. Auf den Belegzetteln wurden hingegen 2 eingetragen.

Auch wenn manchmal ein zu viel an Mustern nicht unbedingt zu mehr Verschreibungen führte, da manche Ärzte teilweise von Mustern (z.B. At1 - Blockern) überschwemmt waren, und diese für sie teilweise keinen Mehrwert, weil nichts besonderes darstellte, merkte ich doch (z.B bei den Asthmapräparaten Inuvair und Foster), dass die Firma, die das Präparat herstellte, einen Wettbewerbsvorteil gegenüber der „Comarketing-Firma" genoss, da diese einfach über mehr Muster verfügten.

Wie gesagt: Bei vielen Ärzten war und ist es gängige Praxis, dem Patienten zunächst ein Muster mitzugeben und dieses dann bei Verträglichkeit weiter zu verordnen. War von einer Firma gar kein Muster da, war das natürlich eher schlecht für den Umsatz. So die simple Praxis.

Ärzte mussten teilweise auch an Fortbildungsveranstaltungen, die natürlich auch von der Pharmaindustrie gesponsort wurden, teilnehmen, um z.B. an „Disease-Management-Programmen" teilnehmen zu können und beispielsweise regelmäßig Asthmapatienten behandeln zu dürfen.

Dass man sich dann natürlich auch ein bisschen davon beeinflussen ließ, welches Präparat dort gelobt wurde, dürfte klar sein.

Ich hatte für zwei unterschiedliche Pharmafirmen gearbeitet. Bei beiden Firmen wie wohl bei fast allen Konkurrenten, stattete man die Pharmareferenten mit sogenannten Foldern aus, also mit Büchlein, meist im DIN-A4-Format., und ca 12 Seiten.

Diese waren bunt gestaltet mit vielen Bildern oder Graphiken aber wenig Text, also eben den Werbeprospekten ähnlich.

Wohl hat kluge Marktforschung ergeben, dass kurze, prägnante Werbeslogans am ehesten in den Köpfen der Menschen bleiben und somit zum Kauf des Produkts verleiten, doch wie angebracht scheint diese Werbestrategie denn bei den Ärzten?

Auf der Titelseite meines ersten Folders, den ich ausgehändigt bekommen hatte, war ein dicker Mann zu sehen, darunter die Provas-Tablette, die in zwei Hälften geteilt war.

Damit sollte dem Arzt suggeriert werden, bei einem zu dicken Patienten sofort an Bluthochdruck zu denken und somit an unser „Provas".

Das Produktmanagement hatte uns mitgeteilt, dass dieser dicke Mann mittlerweile schon bekannt war bei den Ärzten, somit sei diese Art von Werbestrategie schon recht wirksam gewesen.

Doch in der Praxis (im wahrsten Sinne des Wortes) stieß ich auf eine andere Wirklichkeit.

„Ach tun Sie doch diese Bildchen weg",

„Der Pharmaindustrie fällt seit Jahren nichts anderes ein als diese plakativen Büchlein,

„ach wirklich schön, was dafür wohl die Industrie an Geld ausgegeben hat" oder andere ähnliche „Statements hörte ich des Öfteren".

Schwieriger war es noch, wenn ich Studienergebnisse (auch im Folder enthalten) präsentieren wollte:

Sätze wie „Glaube keiner Statistik, die Du nicht selber gefälscht hast" hörte ich nur zur Genüge.

Ich fragte mich manchmal, ob die Produktmanager jemals im Außendienst waren oder einfach nicht kreativ genug, sich mal etwas neues einfallen zu lassen.

Jedenfalls kann man im Doppelten sinne von Verschwendung reden:

Zum einen, weil die ganzen beschriebenen Artikel natürlich Geld kosteten, zum anderen, weil sie bei den Ärzten teilweise gar nicht mehr geschätzt wurden.

1. 11 Der alltägliche Betrug im Pharmaaußendienst

Wie bereits dargelegt war und ist es üblich, für ein abgegebenes Muster eine Unterschrift vom Arzt einzuholen.

Diese „Muster-Belegzettel" sollte man dann in gewissen Abständen zum Unternehmen zurückschicken. Somit war man eigentlich nicht verpflichtet, sich den Besuch per Unterschrift bescheinigen zu lassen, wenn man mal kein Medikament abgab, was mir zu Anfangs nicht bewusst war.

Mein damaliger Kollege Hans Schulz hatte mir deshalb auch geraten – nachdem sich abgezeichnet hatte, dass die Probezeit nicht mehr verlängert würde, doch für die nächste Zeit „Scheinbesuche" zu machen, also Besuche einzutragen, die gar nicht stattgefunden hatten. Wenn man kein Muster abgab, war dies eben auch nicht notwendig. (bei manchen Firmen wird diese Regelung wahrscheinlich immer noch zutreffen).

Solche Scheinbesuche finden sicherlich nach wie vor in hohem Ausmaß statt. Insbesondere dann, wenn eben ein Besuchsschnitt gefordert wird, der kaum einzuhalten ist.

Doch zurück zum alltäglichen Betrug:

Ich führte mal ein Gespräch mit einem ehemaligen Mitarbeiter aus der Personalabteilung von „Bristol-Myers".

Dieser meinte, so mancher Außendienst-Mitarbeiter sei auf die Idee gekommen, Stempel und Unterschrift der Arztpraxen nachzuahmen, also zu fälschen, um gar nicht erst zur Arztpraxis fahren zu müssen.

Vielleicht war das für die Verordnungszahlen letztlich auch nicht mehr so entscheidend. Hatte man den Arzt schon ein paar Mal besucht und für die Verordnung gewonnen, war es dem Mediziner teilweise verständlicherweise sogar lieber seltener besucht zu werden; schließlich kostet jeder „Pharmareferenten-Besuch" Zeit, in welcher der Arzt keinen Patienten behandeln und somit Geld verdienen kann.

Der Vertreter konnte somit seinen Besuchsschnitt aufpeppeln und die Umsatzzahlen passten dennoch einigermaßen.

Manch anderer Pharmareferent sah es als potentielles Zusatzeinkommen an, einen Teil der zugeschickten Muster auf dem Schwarzmarkt zu verkaufen.

Da z.B. ein Asthmaspray im Monat bis zu 60 Euro kostete und die Patienten oft eine Zusatzzahlung zu leisten hatten, konnte der Abnehmer des Präparats das Medikament vom Pharmareferenten günstiger erhalten.

Vielleicht zwang und verleitete das System auch zu solchen Aktionen.

2 Klinische Forschung

2.1 Wie viel Forschung steckt in der klinischen Forschung?

Nachdem ich den Pharmaaußendienst beendet hatte, beschloss ich eine Tätigkeit auszuüben, bei der aus meiner Sicht mehr fachliches Wissen gefordert war.

So besuchte ich zunächst einen 4-monatigen Kurs, bei dem unter anderem Wissen über GCP (Good clinical pratice), Arzneimittelgesetz oder über klinisches Monitorings vermittelt wurde.

Die Zulassung eines Medikaments ist spätestens seit dem „Contergan-Skandal" mit zunehmender Bürokratie verbunden, womit man zumindest etwas vertraut sein sollte.

So bekam ich relativ bald nach Beendigung des Kurses einen Job innerhalb der klinischen Forschung als sogenannter clinical trial coordinator bei der Firma „E-Pharma, welche kurz davor an eine andere große Firma verkauft worden war.

Was tatsächlich dort auf mich zukommen sollte, wusste ich natürlich nicht, doch hatte ich beschlossen, mit einer buddhistischen Einstellung die mir aufgetragenen Tätigkeiten auszuführen und nicht weiter zu hinterfragen.

Ich war schließlich auch der Überzeugung, dass man eine Aufgabe nur dann adäquat erledigt, wenn man sie konzentriert unternimmt und dabei nicht zu sehr hinterfragt.

Ich wollte endlich mal länger bei einer Firma bleiben, schließlich würde man mit ein paar Jahren Berufserfahrung immer wieder einen Job in der klinischen Forschung (so hieß es) bekommen.

Der Chef, dem ich primär zuarbeiten sollte, und letztlich dafür verantwortlich war, dass ich eingestellt wurde, war die ersten 3 Wochen im Urlaub, (wohl auch um der damals für ihn recht unsicheren Situation bei „E-Pharma" zu entkommen), so dass ich froh war, von seiner Vertretung zumindest Kopiertätigkeiten aufgetragen bekommen zu haben und mir zunächst ein bisschen „fehl am Platz" vorkam.

Ich stellte also einen Haufen Ordner für Ethikkommission und andere Behörden zusammen. Großes Fachwissen brauchte man dafür folglich nicht, im Grunde übte ich Sekretärinnentätigkeiten aus. Trotz meiner angestrebten buddhistischen Denkensweise kam ich nicht umhin mich darüber aufzuregen, dass der Kopierer etliche Male streikte und ich des Öfteren Papierstau zu beheben hatte. Irgendwie waren die Kopierer für solche Mengen nicht ausgelastet. Außerdem konnte ich es meiner Kollegin „Aniko Tietze" scheinbar sowieso nicht rechtmachen, da sie es z.B. bemängelte, wenn ich statt eines dunkelgrünen Registerblattes ein hellgrünes wählte. Dass ich stundenlang mit Kopiern, Lochen und Einordnen der Papiermengen beschäftigt war, um ihr behilflich zu sein, registrierte sie dagegen kaum.

Sie selbst äußerte sich selbst folgendermaßen: Ach hätte ich doch was „Gescheites" gelernt, dann müsste ich jetzt so etwas nicht machen.

Sie war jahrelang im Außendienst tätig gewesen und hatte beschlossen nicht mehr ständig auf der Straße zu arbeiten, obwohl sie gut verdient hatte.

Sie wirkte zwar auch jetzt nicht glücklich, da sie sich aber ganz gut mit der Chefin verstand, stimmte zumindest die persönliche Beziehung, wenn schon die Tätigkeit nicht gerade erfüllend war.

So bekam ich auch gerade die erste Zeit den Frust so mancher Kollegen ab.

Es reichte z.b. schon, wenn ich nicht sofort einen Ordner von meinem „Kopierarbeitsplatz" weggeräumt hatte.

Aber an irgendjemand musste man ja seinen Unmut auslassen; da kam der unerfahrene Neuling, der sich erst mal etablieren musste, und wohl nicht gleich zum Chef rennen würde, gerade recht.

Solcherart menschlichen Verhaltens tritt aber sicherlich häufig im Arbeitsleben auf und so probierte ich mich, nicht weiter darüber aufzuregen.

Der Mensch lädt gerne seinen Frust an jemand anderem, der als Ventil dient, ab. Und das kann man meist nur an einem vermeintlich Schwächeren.

Nach ca. 2 Wochen Arbeitstätigkeit sollte ich außerdem bei einer Ethikeinreichung eine weitere Kollegin namens Yvonne Weber unterstützen.

Auch diese hatte mich zunächst ein paar Mal schroff angeschnauzt. Aus irgendeinem Grund dachte ich mir, sei es klug, es mir nicht von vornherein mit ihr zu verscherzen und probierte deshalb mit ihr auszukommen. Hört man einem Menschen zu und gibt ihm auch ab und zu Recht gewinnt man relativ schnell seine Sympathie – wenn auch zunächst nur oberflächlich.

Es wunderte mich, dass es bei der Ethikeinreichung um ein Asthma-Präparat ging, das damit letztlich zugelassen werden sollte. Ich wusste ja durch die bisherigen Produktschulungen, wie viele Asthmamittel es bereits gibt und welcher hohe Umsatz mit Blockbustern wie „Symbicort" oder „Viani" bereits erzielt wurde.

Aber da wo es bereits einen Markt gibt, braucht eben kein neuer erschlossen zu werden. Wenn man merkt, dass mit einer Art von Produkt Umsatz erzielt werden kann, gibt es auch aus Sicht der Pharmaindustrie Grund zur Annahme, dass man es mit einem ähnlichen Produkt wieder könnte.

(In diesem Fall wurde ungefähr nach 2 Monaten Ethikeinreichung - wohl nach genaueren „Kosten-Nutzen-Überlegungen"- die Studie gestoppt, da zu teuer und man sich letztlich keine allzu hohen Umsätze versprach).

So lochten Yvonne und ich dann ein paar Tage Dokumente für Zulassungsbehörden und Prüfärzte und ich kopierte so viel wie wohl noch nie in meinem Leben.

Ich glaube mich selbst hätte die Arbeit eher wenig gestört, aber Yvonne wirkte recht gestresst und unkoordiniert. Sie hatte ihrer Chefin am Telefon versprochen, die Ethikeinreichung bis zum nächsten Tag fertig zu bekommen, was letztlich nicht zustandekam, da sie sich selbst zu viele Pausen gönnte und größere Lust verspürte, sich mit mir zu unterhalten, als zu arbeiten.

In der Woche, in der wir mit der Zusammenstellung der Studienunterlagen beschäftigt waren, nahm sie sich außerdem einen Tag frei, da sie das für ihr eigene Erholung „dringend brauchte".

Wie bereits dargelegt kam es nicht zur Fertigstellung der Ordner zum vereinbarten Termin und so war Yvonnes Chefin auch etwas angesäuert und nicht mehr voller Lob. Yvonne reagierte mit Tränen. Ich konnte mir nicht ganz erklären, ob das ganze eine Masche war, um die Managerin als zu hartherzigen Menschen dastehen zu lassen; jedenfalls wusste ich, dass sich Yvonne während unserer gemeinsamen Arbeitswoche nicht verausgabt hatte.

Da sie einzig und allein auf besagte Studie angesetzt, allerdings schon Monate angestellt war, ohne dass besagte Ethikeinreichung stattgefunden hatte, konnte ich mir nicht vorstellen, dass sie vorher besonders arbeitseifrig war. Die zu absolvierenden Trainings waren wohl nicht als anstrengende Arbeit zu bezeichnen.

War es nun meine Aufgabe, aufzudecken, wie Yvonne arbeitete. Das musste doch eigentlich die Monate vor meiner Anstellung schon aufgefallen sein? Aber scheinbar hatte es da auch keinen wirklich gejuckt und warum sollte man daran auch Gedanken verschwenden, solange man von der Person selbst nicht gestresst wurde, weil man mit ihr nicht zusammenarbeiten musste. Sogar ich selbst hatte ja nichts gesagt, obwohl ich ganz schön genervt war. So ist es wohl erklärbar, warum man auch in der sogenannten klinischen Forschung mit eher untätigem Verhalten lange seinen Job behalten kann. Unverständlicher für mich war allerdings noch, dass es Yvonne möglich war, Stundenzahlen aufzuschreiben, die sie gar nicht abgeleistet hatte, und somit Geld von der CRO (contract research organization) kassierte, welches ihr eigentlich nicht zustand. Nachdem sie aber schon mehrer Jahre lang in der klinischen Forschung tätig war, hatte sie wohl einen gewissen „Riecher" dafür, was man sich herausnehmen konnte und was nicht.

Und letztlich zählt in der klinischen Forschung scheinbar mehr, viele Jahre Berufserfahrung zu haben, als tatsächlich etwas „vorwärts zu bringen"

Außerdem hatte sie schon etliche Kontakte innerhalb der klinischen Forschung (wenn auch nur oberflächliche) geknüpft, aber damit konnte sie bei öffentlichen Veranstaltungen oder Schulungen zumindest „smalltalk" betreiben und demonstrieren, wie beliebt sie doch bei ihren Kollegen war. Und kann man so jemanden dann tatsächlich noch rausschmeißen?

2.1 Die Phasen der klinischen Forschung

Man unterscheidet in der klinischen Forschung 4 Phasen.

2. 1. 1 Phase I

In Phase 1 wird nur an gesunden Menschen, meist mittleren Alters, getestet. Nur bei bestimmten Arzneistoffen, wie z.b. Zytostatika - das sind Substanzen, die das Zellwachstum, besonders die Zellteilung verhindern oder verzögern - kann es aus wissenschaftlichen und ethischen Gründen nötig sein, direkt an Kranken zu testen.

Es wird zunächst festgestellt, ob der Arzneistoff beim Menschen die gleiche Wirkung zeigt wie vorher beim Tierversuch. Phase 1 beinhaltet ebenfalls die Findung der richtigen Beziehung zwischen Dosis und Wirkung. Ab welcher Dosis erreicht man den gewünschten Effekt und ab wann stellen sich zu viele Nebenwirkungen ein. Die Untersuchung auf Verträglichkeit ist ein weiterer wichtiger Aspekt dieser Prüfphase. Sind die Befunde alle positiv, geht man in die nächste Phase über.

2. 1. 2 Phase II

Zum ersten Mal wird das zukünftige Medikament an etwa 50 bis 300 Patienten getestet. Es handelt sich dabei meistens um Patienten in einem Krankenhaus (stationär), die an der Krankheit leiden, gegen die das neue Arzneimittel eingesetzt werden soll.

Die endgültige, optimale Dosierung wird in dieser Phase ermittelt. Zeigt sich eine erwartungsgemäße Wirkung und ein Maß an Nebenwirkungen, das aus medizinischer Sicht gut zu vertreten ist, schließt sich die nächste Phase an.

2. 1. 3 Phase III:

In dieser Phase wird an einem größeren Patientenkreis getestet. Meistens handelt es sich um mehr als1000 Probanden. An verschiedenen Orten wird unabhängig voneinander nach dem gleichen Prüfplan verfahren. In der Phase 3 untersucht man den Wirkstoff nochmals hinsichtlich seiner Wirksamkeit und daneben zusätzlich auf seine Unbedenklichkeit. Dazu werden die akuten, aber auch chronischen Wirkungen und Nebenwirkungen in den verschiedenen Probandengruppen beobachtet. Ebenfalls wird der therapeutische Erfolg des neuen Stoffes mit schon vorhandenen Arzneimitteln der Standardtherapie verglichen.

Nach diesem Verfahren bleibt von den ca. 10 Substanzen, die die präklinische Prüfung überstanden haben, nur noch ein einziger übrig, der sich als brauchbar gezeigt hat. Am Ende der 3. Phase steht der Antrag auf Zulassung des neuen Arzneistoffes. Die Arzneimittelzulassung ist festgelegt durch das Arzneimittelgesetz (AMG). Der Antrag wird vom Hersteller an eine staatliche Gesundheitsbehörde eingereicht. Dabei muss er aufgrund der durchgeführten Untersuchungen und deren Ergebnisse nachweisen, dass alle Anforderungen z.B. hinsichtlich Wirksamkeit und Unbedenklichkeit erfüllt sind. Ebenfalls muss er darlegen, dass die gewählte Arzneiform (z.B. Tablette oder Zäpfchen), den gesetzlichen Qualitätsnormen entspricht.

Die Zulassungsbehörde für Arzneimittel in Deutschland ist das Bundesinstitut für Arzneimittel und Medizinprodukte (BfArM) mit Sitz in Bonn. Das Paul-Ehrlich-Institut ist zuständig für die Zulassung von Impfstoffen und Sera. Für Tierarzneimittel ist das "Bundesinstitut für gesundheitlichen Verbraucherschutz und Veterinärmedizin" verantwortlich. Daneben gibt es noch die Zulassungsbehörde der Europäischen Union (EMEA = European Agency for the Evaluation of Medical Products), die in London ansässig ist.

Alle diese Behörden entscheiden darüber, ob ein neuer Arzneistoff letztendlich in den Verkehr gebracht wird. Eine gesetzliche Forderung nach absoluter Nebenwirkungsfreiheit besteht nicht, weil dies auch nicht realisierbar wäre. Jeder Arzneistoff, der eine Wirkung besitzt, ruft in der Regel auch Nebenwirkungen hervor:Wenn behauptet wird, dass eine Substanz keine Nebenwirkungen zeigt, so besteht der dringende Verdacht, dass sie auch keine Hauptwirkung hat." (Prof. Gustav Kuschinsky, Lehrbuchautor von Bücher über Pharmakologie, Arzneibehandlung).

Ist der Arzneistoff zugelassen, wird er mit einem eigenen Handelsnamen auf den Markt gebracht werden. Ab diesem Zeitpunkt darf er von Ärzten verordnet und von Apothekern abgegeben werden. Abgeschlossen ist die Prüfung des Arzneimittels damit aber noch nicht. Während der Anwendung in der Praxis wird beobachtet, wie sich das neue Medikament langzeitlich gesehen bewährt. Eine Beobachtung erfolgt weiter hinsichtlich Wirkung und Nebenwirkung. Zudem ist gesetzlich vorgeschrieben, dass das neue Medikament die ersten 5 Jahre nach der Zulassung der Verschreibungspflicht des Arztes unterliegt.

2. 1. 4 Phase IV

Oft werden erst in dieser 4. Phase der klinischen Prüfung, die man auch „Drug Monitoring" nennt, seltene auftretende Nebenwirkungen entdeckt. Betroffene, die unerwünschte Nebenwirkungen an sich entdecken, die nicht im Beipackzettel beschrieben sind, sollten dies unbedingt ihrem behandelnden Arzt oder Apotheker mitteilen. Diese Informationen werden dann umgehend dem BfArM in Bonn mitgeteilt. Ein Arzneimittel-Schnellinformationsdienst des BfArM sorgt für eine rasche und offene Berichterstattung über Arzneimittelrisiken. Dies ist die Voraussetzung für Ärzte und andere medizinische oder pharmazeutische Fachkräfte, die fachliche Diskussion und Aufmerksamkeit zu optimieren. Erhärtet sich während der 4. Phase ein Verdacht auf schwerwiegende Nebenwirkungen, wird ein Stufenplanverfahren eingeleitet. In diesem erörtert die Zulassungsbehörde mit dem Hersteller zusammen die Befunde. Gemeinsam wird dann über die zu ergreifenden Maßnahmen nachgedacht. Sie können unter Umständen einen Widerruf der Zulassung zur Folge haben.

Nach den 5 Jahren der Beobachtung („Drug Monitoring"), wird entschieden, ob ein Medikament, nachdem es unter neuesten wissenschaftlichen Gesichtspunkten geprüft wurde, eine Verlängerung der Zulassung erhält. Wird die Zulassung verlängert, entscheidet sich auch, ob die Verschreibungspflicht bestehen bleibt, oder ob das Medikament in Apotheken ohne Vorlage eines Rezeptes gekauft werden kann.

2. 2 Nicht-interventionelle Studien

Während meiner Zeit bei „E-Pharma" sollte ich Projektleiterinnen allerdings vorwiegend bei sogenannten „nicht-interventionellen Studien" unterstützen. Diese haben insbesondere in den letzten Jahren an Bedeutung gewonnen. Viele Auftragsforschungsinstitute haben sich teilweise auf besagte Studien spezialisiert.

Als **nicht-interventionelle Studien** bezeichnet man im Bereich der medizinischen Forschung Studien, die alle folgenden Kriterien erfüllen:

Es werden keine oder nur zugelassene und handelsübliche Medikamente oder Präparate sowie gängige Medizinprodukte, Geräte oder Verfahren gemäß den in der Zulassung festgelegten Angaben eingesetzt.

Der Patient wird im Rahmen seiner Routinebehandlung therapiert. Dem Arzt werden durch die Studie keine Vorschriften in Form eines vorab festgelegten Prüfplanes zur Behandlung des Patienten gemacht.

Die Diagnoseverfahren und sonstigen Beobachtungsverfahren entsprechen der ärztlichen Praxis. Insbesondere werden keine weiteren Diagnoseverfahren durch die Studie veranlasst.

Die Ergebnisse werden mit Methoden der Epidemiologie analysiert.

Spezielle nicht-interventionelle Studiendesigns sind die retrospektive Studie und die Anwendungsbeobachtung. Eine epidemiologische Studie ist oft – aber nicht immer – nicht-interventionell.

Nicht-interventionelle Studien mit Medikamenten fallen in Deutschland unter bestimmten Voraussetzungen nicht unter das Arzneimittelgesetz und müssen daher auch nicht von den zuständigen Behörden genehmigt werden. [7]

Somit sind sie für die Pharmaindustrie häufig mit weniger Kosten verbunden.

2. 3 Wie viel Fachwissen braucht man bei Studien?

Die vorher dargestellten Informationen erwecken den Anschein, als müsse man innerhalb der klinischen Forschung durchaus Fachwissen besitzen, aber wie sah es dann in der Praxis aus?

„Nicht-interventionelle Studie" klingt natürlich zunächst mal recht wissenschaftlich und die Projektleiterinnen, die bei „E-Pharma" damit beauftragt wurden, nahmen ihre Sache scheinbar recht ernst.

Allerdings stellte ich auch hier fest, dass es nicht so sehr um die Sache als um persönliche Profilierung ging.

Einem „Research-Manager" beispielsweise war der Unterschied zwischen Beobachtungsplan und Prüfplan nicht bekannt.

Während also bei den Studien (1 bis 3) ein teilweise recht aufwendiger Prüfplan geschrieben werden muss und eine prophylaktische, diagnostische oder therapeutische Studie im Detail beschreibt, benötigt man bei nicht-interventionellen

Studien häufig einen Beobachtungsplan, eine recht abgespeckte Version des Prüfplans.

Aber solche Feinheiten können dann schon mal untergehen.

So verwundert es im Nachhinein auch nicht, dass eine Projektleiterin von einer Kollegin darauf aufmerksam gemacht werden musste, dass die Formulare, die sie für das sogenannte „Trial master file" anforderte für Anwendungsbeobachtungen teilweise irrelevant waren; aber das war ja auch nicht so tragisch. Da sie sich recht gut mit dem „Research-Manager" verstand, zählte auch hier zunächst wieder eher „Vitamin B" als fachliche Kompetenz.

Letztlich dienen „nicht-interventionelle Studien" aus Sicht der Pharmaindustrie eben dazu, dass das Medikament mehr Patienten verschrieben wird und nicht dazu, mehr über Nebenwirkungsprofile zu erfahren.

Als eine der Projektleiterinnen denn auch mal die fachliche Kompetenz des „research-managers" Craig Dalgo anzweifelte und ihm dies sogar mitteilte, führte dies dazu, dass er auf sie auch nicht mehr gut zu sprechen war und sie hinter ihrem Rücken schlecht machte.

Aber dass man mit „Schleimerei" oftmals im Berufsleben weiterkommt, war wohl auch schon in früheren Zeiten nicht anders.

Letztlich kostet es aber Geld, wenn Projektleiterinnen lieber Privatgespräche im Büro führen (so habe ich es oftmals erlebt) oder Stundenzahlen aufgeschrieben werden, in denen nicht ernsthaft gearbeitet wurde.

Das durchaus üppige Gehalt der in der „klinischen Forschung" Tätigen schlägt sich letztlich auch wieder in den recht hohen Arzneimittelpreisen nieder.

(Diese werden doch häufig von der Pharmaindustrie mit den hohen Kosten für Forschung und Entwicklung gerechtfertigt).

Wenn die „klinische Forschung", die ich erlebt habe, repräsentativ ist, (wovon ich ausgehe), kann ich im Grunde nur von einem verschwenderischen System, für das man deshalb arbeitet, weil man irgendwann kaum mehr in eine andere

Branche wechseln kann und deshalb selbst finanziell abhängig ist, reden.

Und mal ehrlich: Ein beispielsweise promovierter Biologe, der auch an der Uni keinen Job gefunden hat, ist froh, wenn er endlich in der Industrie einen besserbezahlten Job gefunden hat und als Projektleiter oder „research manager" in seiner vermeintlich wichtigen Position etwas zu sagen hat.

2. 4 Anwendungsbeobachtungen: Eher Marketingsinstrument als Studie?

Doch warum werden solche Anwendungsbeobachtungen überhaupt durchgeführt? Gesetzlich sind sie nicht explizit vorgeschrieben.

Das Geld erreicht den Arzt unter dem Deckmantel einer Studie. Konkret läuft das so: Ein Pharmareferent kommt in die Praxis und fragt den Arzt, ob er nicht an einer sogenannten Anwendungsbeobachtung (AWB) teilnehmen möchte. Offiziell sind das Studien mit Patienten über Arzneimittel, die längst zugelassen sind. Wenn der Arzt mitmacht, kann er für jeden Patienten, dem er das Mittel verordnet, ein Honorar erhalten, meist 50 Euro pro Patient. Gelegentlich, wie im Fall des teuren Krebsmedikaments Glivec der Firma Novartis, können es für den Arzt auch 1000 Euro pro Patient sein. Nach Berechnungen des Wissenschaftlichen Instituts der Techniker Krankenkasse kosten die AWBs in Deutschland Jahr für Jahr 930 Millionen Euro. Anwendungsbeobachtungen stehen schon lange in dem Verdacht, vor allem teure Medikamente unter die Patienten zu bringen. Doch wie problematisch diese Scheinstudien wirklich sind, zeigt jetzt erstmals eine Untersuchung der Kassenärztlichen Bundesvereinigung (KBV), die die Interessen der niedergelassenen Ärzte vertritt. Dem *stern* lag die Untersuchung vor - und die Ergebnisse zerstören den von der Pharmaindustrie genährten Mythos, dass es bei AWBs stets um wissenschaftliche Erkenntnisse über Arzneimittel geht. Nach Sichtung aller im zweiten Halbjahr 2005 angemeldeten AWBs kommen die Autoren der KBV-

Studie zu dem Ergebnis: „Der überwiegende Teil der AWBs fungiert vordergründig als Marketinginstrument und stellt damit wissenschaftliche Ansprüche oftmals infrage." Im Klartext: Die Studien sind Bluff, tatsächlich geht es vor allem darum, den Absatz bestimmter Medikamente zu fördern. So fand sich nur bei 19 Prozent aller AWBs in den Unterlagen überhaupt ein Hinweis auf eine geplante Veröffentlichung der Studienergebnisse. Gerade die fehlende Publikation ist nach Ansicht der Autoren ein klares Indiz, dass die AWB als „Marketinginstrument" anzusehen ist. Schon im Jahr 2002 hatten Experten der KBV eine interne Einschätzung abgegeben, dass „nur zwischen 10 und 20 Prozent" der AWBs der Gewinnung von wissenschaftlicher Erkenntnis" dienen. Von den nun analysierten AWBs enthielten nur 28 Prozent beispielsweise einen Studienplan, die Liste der teilnehmenden Ärzte, Fachinformationen und den Erfassungsbogen, den der Arzt ausfüllen soll.

Bei 67 Prozent der AWBs war nicht einmal klar, welche Ergebnisse sie überhaupt liefern sollten, da entweder keine Ziele benannt wurden oder kein Studienplan vorhanden war", wie es in der KBV-Studie heißt. [8]

2. 6 Was ist schlimm an Scheinstudien?

Was ist aber so schlimm daran, kann man sich fragen, wenn ein Arzt an einer Scheinstudie teilnimmt und dadurch sein Honorar ein bisschen aufbessert? Das Problem ist, dass dafür vor allem die gesetzlichen Krankenkassen bezahlen und die Medikamente, die in den AWBs verordnet werden, meist hochpreisige Präparate sind. Dazu kommt, dass die Patienten nach Beendigung der AWB das teure Präparat jahrelang weiter nehmen - für die Pharmafirmen also eine lange sprudelnde Geldquelle. Im Juni dieses Jahres erschien im angesehenen amerikanischen Ärzteblatt „JAMA" ein Aufsatz von Forschern der dänischen Universität in Odense. Sie hatten zehn Arztpraxen untersucht, die an AWBs teilnahmen, und sie verglichen mit 165 anderen Arztpraxen. Das Ergebnis: Die AWB-Ärzte verordneten noch nach zwei Jahren 26 Prozent mehr das entsprechende Medikament, für das sie Honorar von der Pharmafirma erhalten hatten.

In Deutschland muss jede AWB der Kassenärztlichen Vereinigung gemeldet werden. Doch die hält nicht nur ihre eigene Untersuchung zu dem Thema unter Verschluss, sondern weigert sich auch, die Namen der Arzneimittel, die Zahl der Ärzte, der Patienten und die Pharmafirmen, die AWBs durchführen, zu nennen. „Wir können keine Statistiken herausgeben", wimmelt KBV-Sprecher Stahl Anfrage ab: „Die Liste der 30 teilnehmerstärksten Patientenbeobachtungen können und dürfen wir nicht rausgeben."

2. 7 Mein persönliches Fazit zur „klinischen Forschung"

Auch durch meine persönliche Erfahrung komme ich zu folgendem Fazit:

Natürlich muss man auch innerhalb der „klinischen Forschung" ein bisschen was „Fachliches" wissen, aber das kann man sich relativ schnell anlesen. Jemandem, der es gewohnt war, aus dicken Lehrbüchern für die Uni zu pauken, sollte das nicht allzuschwer fallen. Kurzum es geht eher darum, ob man in diesem Spiel (ich meine in diesem Fall die „Pharma-Arbeits-Welt"), mitspielen kann oder nicht. Man muss dazu die Spielregeln kennen.

Nicht zu viel zu hinterfragen und sich am besten oberflächlich mit den Kollegen verstehen gehört da natürlich dazu. Wenn man nach außen hin auch noch den Eindruck erwecken kann, man sei kompetent, hat man damit schon mal viel gewonnen. Einen gewissen Schein aufrecht zu erhalten zählt mehr als irgendwelches Fachwissen, (wie das Erstellen von Prüfplänen oder anderen Studienunterlagen).

Dass man in der klinischen Forschung so viele Biologen (oder andere Akademiker) antrifft, hat vor allem damit zu tun, dass diese oftmals in anderen Branchen keinen gleichwertig gut bezahlten Job finden.

Mit Tierbeobachtung alleine ist eben nicht so viel Geld zu verdienen, wie mit Medikamenten, die ja letztlich dem Menschen helfen sollen.

3 Was halten Führungskräfte von ihren „Jobs"

Dass ich selbst nicht gerade begeistert von meinen Jobs, sondern eher ernüchtert war, dürfte aus meinen bisherigen Zeilen wohl zutage getreten sein, aber wie sieht es denn bei Leuten in Führungspositionen aus?

Was halten sie von ihren Jobs?

Als ich meinem zweiten Regionalleiter nahe legte, er möge mir doch kündigen (ich wollte dies selbst nicht tun, da ich sonst eine Sperre vom Arbeitsamt bekommen hätte) und ich ihm meine Einstellung zu der vielen Rumfahrerei im Außendienst vermittelte, hatte dieser das Bedürfnis, sich selbst zu offenbaren.

Nachdem seine erste Ehe geschieden worden war, machte er erst einmal eine Ausbildung zum Homöopathen; nachdem er dann allerdings seine zweite Frau kennen gelernt hatte, merkte er, dass er doch für sich und seine Familie gutes Geld verdienen wollte.

Und da war der Pharmaaußendienst für einen Biologen eine gute Möglichkeit.

Er hatte auch für unterschiedliche Firmen gearbeitet, ehe er den Posten des Regionalleiters angeboten bekommen hatte und verdiente demnach nicht schlecht.

Er sagte mir allerdings, er würde wohl auch einen anderen Weg einschlagen als den jetzigen, wenn er noch mal könnte. Als Pharmareferent hatte er selbst ohne Folder gearbeitet, nur eben dann wenn sein Chef dabei war.

Das gleiche hatte er nun auch von mir erwartet (also das Arbeiten mit Zeigemappen u. s. w).

Was bliebe ihm jetzt mit 40 Jahren noch übrig? Einen besser bezahlten Job würde er kaum noch wo finden.

Meine Entscheidung, aus dem Pharmaaußendienst auszusteigen konnte er gut nachvollziehen, die Kündigung kam prompt. Er selbst ist sicherlich dagegen froh, weiter gut zu verdienen und mit seinen zumeist weiblichen Kolleg gut auszukommen.

In Bezug auf die „klinische Forschung" fällt mir ein Erlebnis mit einer immer recht kühl wirkenden „research managerin" ein, der ich einmal auf dem Weg zur Firma begegnet war. Sie freute sich auch, weil es einmal ein schöner, sonniger Tag war und sie meinte bei unserem kurzen gemeinsamen Spaziergang:„ Ach bei solchen Tagen wie heute sehe ich oft aus dem Fenster und frage mich, was mache ich hier eigentlich. Viel lieber wäre ich beim Skifahren oder machte Ausflüge draußen.

Zu meiner Zeit war sie einmal 3 Wochen am Stück krankgeschrieben. Wohl war ihr die unsichere Zukunft aufgrund der Fusionierung auf den Magen geschlagen.

Dabei war sie eine Person, die recht sachlich und nüchtern wirkte.

Die Schwiegermutter in spe einer Bekannten von mir übt eine Manager-Position bei Novartis in Basel aus. Sie selbst findet nicht, einen fachlich besonders anspruchsvollen Jobs auszuüben, aber auch sie verdiene gut und so würde sie die persönliche Selbsteinschätzung, die die Mitarbeiter bei „Novartis" zumindest alljährlich machen müssen eben auch mit wenig Widerstand machen. So lang das Gehalt stimmt, braucht man eben die Sinnhaftigkeit des Jobs nicht so sehr in Frage zu stellen. Man muss seine „Erfüllung" eben außerhalb des Jobs finden: Bei Familie, Freunden, einem Hobby.

Aber das trifft wohl nicht nur für Leute, die in der Pharmaindustrie arbeiten, zu.

4. Medikamente: Segen oder Fluch?

Der Umsatz der Pharmaindustrie wird sich bis 2020 mit schätzungsweise weltweit rund 1,3 Billionen US-Dollar mehr als verdoppeln. Schrittmacher dieser Entwicklung sind vor allem der demographische Wandel und der Wirtschaftsaufschwung in den E7-Ländern, wie die Wirtschaftsprüfungs - und Beratungsgesellschaft PricewaterhouseCoopers (PwC) in der Studie „Pharma 2020" verlauten lässt.

Seitdem der Mensch weiß, dass er durch die Einnahme von Substanzen Geist, Körper und somit das „Befinden" beeinflussen kann, ist er scheinbar fasziniert davon, die menschlichen Hormone, Neurotransmitter und somit die Stoffwechselvorgänge des Körpers zu beeinflussen.

Sind Pharmazeutika nun eher Segen oder Fluch für den Menschen?

Ich möchte im Folgenden anhand einiger Beispiele (bei weitem nicht vollständig) meine persönliche Sicht zum Abschluss darstellen.

4. 1 Segensreiche Pharmazeutika für den Menschen

4. 1. 1 Schmerzmittel

Einem Menschen, der unter starken Schmerzen leidet, etwas zur Schmerzlinderung zu geben, ist aus meiner Sicht human und daher finde ich es positiv, wenn in diesem Bereich weiter Forschung betrieben wird. Es gibt mittlerweile verträglichere Stoffe als z.B. das altbewährte Morphiumsulfat, welches u. a. häufig Verstopfung und Übelkeit hervorruft. Da ich selbst „Hydromorphon" vertrieben habe, und sowohl mit Ärzten und teilweise auch mit Patienten sprach, die mir die bessere Verträglichkeit des erwähnten Stoffes bestätigten, kann man davon ausgehen, dass sich die Forschung der Pharmaindustrie in diesem Bereich gelohnt hat.

Mit „Durogesic", einem Schmerzpflaster, konnte Janssen-Cilag bis zum Patentablauf Millionen an Umsatz erzielen.

Der Wirkstoff „Fentanyl" wird dabei über die Haut aufgenommen.

Durch die Aufnahme über die Haut wird der Gastrointestinaltrakt (Magen-Darm-Trakt) weniger belastet.

Außerdem ist es für die teilweise recht alten Patienten angenehm, auf das Schlucken einer weiteren Kapsel verzichten zu können.

4. 1. 2 Verhütungsmittel

Die Pille und andere hormonelle Verhütungsmittel trägt sicherlich – wenn auch prozentual nur in geringem Maße - dazu bei, dass die Bevölkerung nicht weiter explodiert.

Wir haben Menschen genug auf der Welt. Von daher finde ich es eine achtenswerte Entscheidung, wenn man auf Kinder verzichtet oder eben nicht eine ganze „Schar" davon hervorbringt.

Man kann wohl von den meisten Menschen nicht erwarten, auf Sex zu verzichten, wenn ich auch glaube, dass es vor allem den Frauen sowohl psychisch als auch körperlich nicht schaden würde, sich ihre Sexualpartner genau auszusuchen.

(Von Krankheiten wie HIV, Hepatitis C u. s. w. möchte ich gar nicht erst sprechen.).

Ich denke aber auch, dass viele Frauen Gefühle und Sexualität eher schwer trennen können).

Auch wenn es paradox klingen mag, dass so manche Frau Pillen schlucken muss, um überhaupt schwanger zu werden, kann man es bis zu einem gewissen Grad als zeitgemäß betrachten, die „Vermehrungsrate" durch Verhütungsmittel zu „regulieren".

Und Gott sei Dank haben die künstlichen Östrogene und Gestagene weniger Nebenwirkungen als früher.

4. 1. 3 Antibiotika

Auch war wohl die Entdeckung des Penicillins, welches man z.B. bei schwerer Lungenentzündung und anderen bakteriellen Infektionen einsetzt, segensreich, auch wenn mittlerweile die meisten Antibiotika viel zu oft eingesetzt wurden und aufgrund von Resistenzbildungen bei vielen Krankheiten immer wirkungsloser geworden sind.

4. 1. 4 Neuroleptika

Aus Gesprächen mit Betroffenen weiß ich, dass für manche „Psychotiker" Neuroleptika wie Haldol als segensreich empfunden werden.
Sie selbst haben oftmals das Gefühl ohne das Medikament nicht von ihren Wahnanfällen losgekommen zu sein.
Erst nach Verabreichung der Psychopharmaka ließen optische Halluzinationen oder das Hören von Stimmen nach.
Von daher will ich Neuroleptika nicht ganz so rigoros verteufeln wie beipielsweise „Scientology", einem vehementen Gegner der Psychiatrie und pharmazeutischen Industrie.
Doch mit der Thematik werde ich mich später im Kapitel „Exkurs ins psychiatrische System" noch etwas genauer beschäftigen.

4. 2 Medikamente als Fluch für den Menschen

Weit überwiegt aber die Schar der aus meiner Sicht unnützen Medikamente, die somit fast eher zum „Fluch" für die Menschheit geworden ist.

4. 2. 1 Diabetesmittel

Pharmafirmen wie „Glaxosmitkline"(GSK) machen Milliarden Umsätze mit Diabetesmitteln:
Allerdings gab es auch in diesem Bereich Negativschlagzeilen. Das Diabetes-Medikament „Avandia" von GSK geriet beispielsweise 2007 erstmals in die Kritik, nachdem Meta-Analysen auf ein erhöhtes Risiko für Herz-Kreislauf-Probleme deuteten.
Experten der FDA sprachen sich für verschärfte Warnhinweise, aber auch für die Beibehaltung der Zulassung aus.
Eine ähnliche Position bezog die europäische Arzneimittelbehörde Emea.
Auf Verlangen der FDA startete GSK eine Vergleichsstudie mit einem ähnlichen Wirkstoff, die noch läuft. Der Umsatz mit dem Mittel sank ab 2007 deutlich, erreichte im vergangenen Jahr aber immerhin noch weltweit 1,2 Mrd. Dollar.
Der Altersdiabetes kommt so gut wie nie bei schlanken Menschen vor: Die einzig wirksame Vorbeugung dagegen scheint zu sein, Übergewicht zu vermeiden.
Selbst wenn der Diabetes mit „Diabetesmitteln" günstig beeinflusst werden kann, hat der übergewichtige Mensch meist weiterhin Bluthochdruck, Gelenkprobleme u. s. w. und schädigt damit längerfristig Herz und Gefäße.
Einem dicken Menschen kann man folglich nur eins raten: Abnehmen!! Wer das nicht tut, ist wohl einfach zu bequem und willensschwach und mag deshalb gerne daran glauben, dass er mit einer Tablette seine Gesundheit erhalten kann.
Selbst wenn sein Diabetes unter Kontrolle gebracht werden kann, ist das eigentliche Problem nicht gelöst. Seine körperliche Gesundheit wird weiterhin durch das Übergeweicht leiden, ob mit oder ohne Diabetes.

Und würde man einem solchen Menschen nicht eine Pille, sondern einzig und allein Gewichtsreduktion „verordnen" würde er es vielleicht sogar eher tun. Diabetes ist lediglich der symptomatische Ausdruck einer falschen Lebensweise.

4. 2. 2 Cholesterinsenker

Bezüglich der Cholesterinsenker möchte ich ein Zitat des Wissenschaftsredakteurs Jörg Blech erwähnen:
„Beim Cholesterin hat ein privater Interessenverbund von 13 Professoren vor einigen Jahren in Deutschland eigenmächtig einen Grenzwert durchgesetzt, der die Mehrheit der Bevölkerung über Nacht zu Risikopatienten erklärte. In der Gruppe der 30- bis 39-Jährigen haben dem willkürlichen Grenzwert zufolge 68 Prozent der Männer und 56 Prozent der Frauen einen angeblich erhöhten Cholesterinwert. Bei den 50- bis 59-Jährigen sind sogar 84 Prozent der Männer und 93 Prozent der Frauen betroffen. Eine wissenschaftlich schlüssige Begründung für den absurd strengen Wert gibt es nicht, was ja auch viele Ärzte kritisieren" [9].
Die Ernährungswissenschaftlerin *Ulrike Gonder* hat auf ihrer Internetseite folgende Fakten zusammengetragen:

- Vergleicht man die Langzeitstudien, treten nur bei 3 von 16 ein statistischer Zusammenhang zwischen der Cholesterin-Zufuhr und dem Auftreten von Herzinfarkten auf.
- Bei den allermeisten Infarkten sind die Blutcholesterinwerte völlig unauffällig.
- Bei gleicher Anzahl der Publikationen werden Studien, die eine Cholesterin-Senkung für sinnvoll halten, sechsmal häufiger zitiert als Studien, die diese These nicht unterstützen.

- Länder mit einem hohen Fettanteil in der Ernährung, wie z.B. die Japaner, haben dieniedrigste Herz-Kreislauf-Sterblichkeit.
- Ein hoher Cholesterinspiegel im Alter geht einher mit einer höheren Lebenserwartung. [10]

→ Somit dienen Cholesterinsenker auch aus meiner Sicht vor allem als Geldquelle für die Pharmaindustrie und nicht der Gesunderhaltung des Menschen. Wohl ist ein Ei mehr oder weniger pro Tag nicht so schlimm wie ein zu viel an Medikamenten.

4.2.3 Psychopharmaka

4.2. 3.1 Exkurs ins psychiatrische System

Da psychische Krankheiten zu einer weltweiten Epidemie geworden sind, möchte ich noch einen Exkurs ins „psychiatrische System" machen , da weltweit schon jeder 4. von einer solchen psychischen Krankheit betroffen sein soll.

Fragen sich nicht viele Menschen zumindest ab und zu: Oh je, ich fühl mich schon seit längerem antriebslos, bin ich vielleicht depressiv?

Oder mein Kind ist irgendwie ziemlich lebhaft und unkonzentriert in der Schule, hat es vielleicht ADHS?

Laut der Quelle dieser alarmierenden Berichte – der psychiatrischen Industrie – drohen psychische Erkrankungen uns alle zu erfassen und können nur durch sofortige und massive finanzielle Aufwendungen unter Kontrolle gebracht werden.

Psychiater warnen vor den katastrophalen Auswirkungen, sollten die Finanzmittel zurückgehalten werden.

4. 2. 3.1.1 (DSM-IV) und (ICD-10): Mangel an wissenschaftlicher Qualität

Sie weisen allerdings nicht darauf hin, dass ihr diagnostisches System, das sie verwenden, um diese alarmierenden Statistiken zu ermitteln – ihr eigenes Diagnostisches und Statistisches Manual Psychischer Störungen IV (DSM-IV) und sein Gegenstück, der Abschnitt über psychische Störungen in der International Classification of Diseases (ICD-10) – wegen ihres Mangels an wissenschaftlicher Qualität und Wahrhaftigkeit und wegen der fast ausschließlich empfohlenen Behandlung mittels Psychopharmaka unter Beschuss geraten ist.

Professor Herb Kutchins von der California State University in Sacramento und Stuart A. Kirk von der University of New York sind Autoren diverser Bücher, in denen die Fehlerhaftigkeit der DSM dargestellt wird.

Sie meinen: „Es gibt wirklich viele Illusionen über das DSM und ein starkes Bedürfnis seiner Erschaffer daran zu glauben, dass ihre Träume von wissenschaftlicher Exzellenz und Nützlichkeit wahr geworden sind."

Die Resultate des weitverbreiteten Vertrauens von Psychiatern in das DSM mit seiner ständig anwachsenden Liste von Geisteskrankheiten – wobei für jede einzelne legal Psychopharmaka verschrieben werden können – kann man den folgenden bedenklichen Statistiken entnehmen.

4.2.3.1.2 Zahlen zur Verabreichung von Psychopharmaka

- Bei 17 Millionen Kindern weltweit wurden mittlerweile psychische Störungen diagnostiziert und zur Behandlung Antidepressiva und Stimulanzien verschrieben.

- Die Verwendung und der Missbrauch von Psychopharmaka nehmen weltweit rapide zu. Im Jahr 2003 wurden über 100 Millionen Rezepte für Antidepressiva ausgestellt.

- Eines von 7 ausgestellten Rezepten in Frankreich beinhaltet ein Psychopharmakon. Beinahe einem Drittel der Frauen werden Tranquilizer und Antidepressiva verschrieben und mehr als 50 % der Arbeitslosen – 1,8 Millionen – nehmen Psychopharmaka.

- Der Gebrauch von Antidepressiva stieg in Japan zwischen 1999 und 2001 um das Vierfache.

Angetrieben durch die auf dem DSM basierenden Statistiken über psychische Erkrankungen ist das internationale Budget für das psychiatrische System in den letzten 10 Jahren explodiert.

- In den USA stieg das Budget für das psychiatriische System zwischen 1994 und 1999 von 33 auf 80 Milliarden Dollar.

- Die Ausgaben der Schweiz für das psychiatrische System stiegen zwischen 1988 und 1977 von 63,2 Millionen Euro auf mehr als 158,9 Millionen Euro.
- Deutschland gibt derzeit jährlich mehr als 2,2 Milliarden Euro für „psychische Gesundheit" aus [11]

1995 erklärte der Psychologe Jeffrey A. Schaler: „Diese Idee der wissenschaftlichen Gültigkeit ähnelt einem Betrug, auch wenn an sich damit keine Handlung verbunden ist.

73

Die Gültigkeit bezieht sich auf das Ausmaß, zu dem etwas eine Sache repräsentiert oder misst, was es angeblich repräsentieren oder messen soll. Wenn die gängigen Mittel nicht das repräsentieren, was sie vorgeben zu repräsentieren, dann kann man sagen, dass es diesen Mitteln an Gültigkeit mangelt. Wenn es bei einer Geschäftstransaktion oder einem Handel einen solchen Mangel an Gültigkeit gäbe, dann würde dieser Mangel als Mittel zum Begehen eines Betrugs betrachtet werden.

Das von der American psychiatric Association publizierte Diagnostische und Statistische Manual (DSM-IV).ist berüchtigt für seine geringe wissenschaftliche Gültigkeit.", so Herb Cutchins [12]

4.2.3.1.3 Fakten zur Geschichte der Psychiatrie

Trotz der zum Teil schockierenden Fakten bezüglich der Verabreichung von Psychopharmaka möchte ich anmerken, dass die Geschichte der Psychiatrie und Zwangseinweisungen schon recht alt ist.

Was vor hunderten von Jahren passierte, um die soziale Sicherheit durch Wegsperren psychisch Kranker zu gewährleisten, war keineswegs humaner:

- Schon 1676 lässt König Ludiwig XIV in ganz Frankreich per Dekret] die Hospitaux Genraux eteblieren, um die Zügellosen, die verlorenen Söhne, die Gotteslästerer und die Sittenlosen aufzunehmen.

Dieser Erlass makrierte den Beginn des „großen Wegsperren der Geisteskranken"
[13]

- 1805 wurde das System deutscher psychiatrischer Anstalten etabliert, als Prinz Karl August von Heidelberg erklärte: „ Der Staat muss sich um alle

Institutionen für jene mit krankem Verstande kümmern.

- 1882 wurde der Schweizer Gottlieb Burckhard, Direktor einer Anstalt, zum ersten bekannten Psycho-Chirurgen seiner Zeit.
  Er entfernte bei 6 Patienten Gehirngewebe, in der Hoffnung , er würde sich von einem gestörten Verrückten in einen ruhigen Verrückten verwandeln. Obwohl einer starb und andere Epilepsie, Aphasie und Lähmungen entwickelten, war Burckhard zufriedengestellt mit seinen nunmehr ruhig gestellten Patienten.

- 1935 führte Egas Moniz, Professor für Neurologie im portugiesichen Lissabon di erste Lobotomie durch; er war inspiriert durch ein Experiment, bei dem die beiden vorderen Geirnlappen von Schimpansen entfernt worden waren. Moniz führte dieselbe Operation am Menschen vor dem Hintergrund durch, dass die Quelle von psychischen Störungen in diesem Teil des Gehirns läge. In einer über 12 Jahre laufenden Studie wurde fesgestellt, dass die Patienten von Moritz an Rückfällen und Anfällen litten und zu Tode kamen.

- 1946 führte der amerikanische Psychiater Walter J. Freeman seine erste Lobotomie durch. Unter Benutzung von Elektroschocks als Betäubungsmittel und eines chirurgischen Hammers trieb er einen Eisstocher am Augenhöhlenknochen vorbei in die vordere Gehirnhöhle. Die Bewegung des Instruments durchtrennte dann das Gewebe der vorderen Geirnlappen, was einen irreparablen Gehirnschaden verursachte. 10 % der Patienten starben nach der Operation oder begingen Selbstmord. Nichtsdestotrotz übernahmen Psychiater auf der ganzen Welt die Praxis der Psychochirurgie, die auch heute noch Verwendung findet.

Angesichts dieser erschütternden Fakten könnte man ja sagen, dass die jetzige Behandlung „Gesteskranker" mit Medikamenten geradezu human ist.

Der Patient, der solche scheinbar segensreichen Pillen schluckt wird ja aber doch als behandlungsbedürftig eingestuft und behält das Stigma des kranken, ja abnormen oft ein Leben lang.

Er ist oft körperlich, zumindest aber psychisch abhängig von Stoffen, die durchaus nicht als harmlos für den Körper zu bezeichnen sind.

Daher scheint es angebracht die Verabreichung von „Psychopillen" einmal mehr kritisch zu hinterfragen.

Dies möchte ich in den folgenden Abschnitten anhand einiger „Blockbuster" noch einmal – wenn auch schon in unzähligen Büchern geschehen -tun.

4.2.3.2 Sinn und Unsinn ausgewählter Psychopharmaka

4. 2. 3. 2.1 Ritalin/(Wirkstoff Methylphenidat)

Methylphenidat ist ein Arzneistoff mit stimulierender Wirkung. Er gehört zu den Amphetamin-ähnlichen Substanzen, die derzeit hauptsächlich bei der Aufmerksamkeitsdefizit-/Hyperaktivitätsstörung (ADHS) eingesetzt werden. Daneben findet Methylphenidat Anwendung bei der Narkolepsie und zur Steigerung der Wirksamkeit von Antidepressiva. [14]

4.2.3.2.1.1 Wirkungsweise

Methylphenidat hemmt die Wiederaufnahme von Dopamin und Noradrenalin in den Präsynapsen und erhöht so deren Konzentration im synaptischen Spalt. Dies führt zu erhöhtem

Signalaufkommen am Rezeptor und unter anderem zu einer Erhöhung des Sympathikotonus. In geringem Maße sorgt Methylphenidat für die Freisetzung von Katecholaminen, die große Erhöhung der Dopaminkonzentration wird aber in erster Linie durch Wiederaufnahmehemmung erreicht [15]

4.2.3.2.1.2 ADHS: Die unmögliche Diagnose

Eines der grundsätzlichen und ungelösten Probleme ist die Diagnostik bei „ADHS". Ich glaube, unabhängig davon, ob es „ADHS" überhaupt gibt, dass das diagnostische Instrumentarium und die diagnostische Praxis derzeit in Frage zu stellen ist und eine Diagnostik im Einzelfall eigentlich kaum möglich machen. Ich begründe das damit, dass

- es faktisch keine standardisierten, objektiven, validen und zuverlässigen Testverfahren speziell für „ADS" gibt;

- sich die Diagnostik bei Kindern häufig auf Verhaltensbeschreibungen der Mütter, seltener der Lehrer oder Erzieherinnen, bei Erwachsenen auf Selbstbeschreibungen beschränkt. Solche Beschreibungen und die dabei zur Anwendung kommenden Fragebögen sind unzuverlässig, unspezifisch, subjektiv beeinflusst und beziehungsabhängig (der Messfehler des Untersuchers geht unkontrolliert mit ein; besonders problematisch ist die Selbstbeschreibung von „Betroffenen", deren Wahrnehmung ja auch verändert oder gestört sein kann. so z.B. Barkley, der auch vor den üblichen Fragebögen warnt: er kritisiert ein zu undifferenziertes Vorgehen bei der Diagnostik von ADS und hebt dabei auf die Fragebögen zur Selbstbeurteilung ab, wodurch die Diagnose ADS „vom unaufmerksamen Typ" zu schnell gestellt werde. Die Diagnostik dürfe nicht nur auf dem Item Aufmerksamkeitsstörung basieren. Auch bei anderen Krankheitsbildern (z.B. Depressionen) könne „Unaufmerksamkeit" vorkommen. Als Antwort auf die Frage „Ist jede Unaufmerksamkeit ein ADS" antwortet er mit einem klaren „Nein". Er warnt davor, den Selbstbeurteilungs-Fragebögen in der Diagnostik einen zu großen Stellenwert zu geben, ohne allerdings zu sagen, wie sonst man diagnostizieren soll). - Man muss des weiteren wissen, dass es keine allgemeinverbindlichen Kriterien für die Diagnosenstellung des „Erwachsenen-ADS" gibt. Im Wesentlichen werden hier die Kriterien zur Diagnostik von Kindern angewandt.

Wie subjektiv Selbstbeschreibungen oder Mütteraussagen sind, wird deutlich, wenn man z.B. Mütter befragt, ob ihr Kind „hyperaktiv" sei. 40 Prozent bestätigen dies dann. Wenn man Lehrer und Kinderärzte zum selben Kind zusätzlich befragt, stimmen Mütter, Lehrer und Ärzte aber nur in ca. 1 Prozent der Fälle überein.

- die sonst oft zur Anwendung kommenden psychologischen oder neurologischen Testverfahren nichts „ADS"-Typisches aussagen und für diese Störung nicht konstruiert oder geeicht sind. Es sind Testverfahren, die auch bei anderen Untersuchungen angewendet werden, wobei der Untersucher aber keinerlei wissenschaftliche Auswertungskriterien für "ADS" hat. Dies bleibt seiner eigenen Entscheidung überlassen;

- die Diagnose mit Hilfe der gängigen Kriterienkataloge des DSM IV und ICD 10 ebenfalls nicht beobachterunabhängig ist. Die Kriterien kranken unter ungenauen oder fehlenden Definitionen und nichtrepräsentativen Häufigkeitsverteilungen ihrer Merkmale [16].

- die sog. „komorbiden" Störungen (z.B. Lernstörungen, Verhaltensstörungen, Wahrnehmungsstörungen etc.) einen sehr großen (bis zu 90 Prozent) Überschneidungsbereich mit „ADS" haben. Es ist wissenschaftlich unklar, ob sich „ADS" als eigenständiges Syndrom von diesen sog. „komorbiden" Störungen überhaupt abgrenzen lässt. Wahrscheinlich gibt es diese Störungen (die für sich betrachtet durchaus existieren) als „komorbid" gar nicht, weil es auch „ADS" nicht gibt;

- definitionsgemäß „ADS" eine Hirnstoffelwechselstörung zugrunde liegt. Diese wird aber, obwohl einzig beweisend, für die Diagnose nicht untersucht. Deshalb weiß niemand auch nur annähernd exakt, ob die gegenwärtig erhobenen „ADS"-Diagnosen auf diese Hirnstoffwechselstörung schließen lassen.

- Untergruppierungen zu „ADS" (mit und ohne Hyperaktivität; mit und ohne Hypoaktivität) ungeklärt und differentialdiagnostisch schwierig bis unmöglich sind. Gibt es ADS mit und ohne Hyperaktivität? Keiner weiß das genau. Manche sagen ja, andere, der ADSler würde grundsätzlich „hin- und herpendeln" zwischen „Hypo" und „Hyper".

„Hyperaktivität" wie auch „Aufmerksamkeit" und „Impulsivität" sind Merkmale, die nicht nur uneinheitlich definiert, sondern auch uneinheitlich oder gar nicht messbar sind, Normen liegen keine vor. Es besteht keine Einigkeit darüber, dass diese „Trias" überhaupt kennzeichnend für „ADS" ist.

Es verwundert nicht, dass ein so unscharf und uneinheitlich, ja widersprüchlich definiertes Syndrom diagnostisch nicht eindeutig fassbar sein kann;

4.2.3.2.1.2 Mein derzeitiges Fazit in Bezug auf ADHS

Es gibt wohl Lernstörungen, Konzentrationsstörungen, Verhaltensstörungen etc., die man einzeln und kombiniert relativ gut diagnostizieren kann. Es gibt aber kein Syndrom „ADS", schon gar keines, das man zuverlässig diagnostizieren könnte.

Gemäß der Definition von Gesundheit nach T. Parson (Medizinsoziologe), Gesundheit sei „ein Zustand optimaler Leistungsfähigkeit eines Individuums, für die wirksame Erfüllung der Rollen und Aufgaben für die es sozialisiert (Sozialisation = Einordnungsprozess in die Gesellschaft, Normen- und Werteübernahme) worden ist", ist es wohl eben notwendig, ein lebhaftes oder unruhigeres Kind best möglich gemäß seiner Stärken zu fördern.

Vielleicht müssten manche ähnlich körperlich gefordert werden wie der Schwimmstar Michael Phelps, der angeblich ADS hat oder geistig ihre Kreativität ausleben können wie Will Smith, angeblich ebenfalls ebenfalls ADHSler.

4.2.3.2 Antidepressiva: Segensreiche Wirkung oder nur Plazebos?

Depressionen haben eine Inzidenz (Auftreten) von 8-20% und gehören damit zu den häufigsten psychischen Erkrankungen [17]. 1998/99 wurden im Rahmen des Bundesgesundheitssurveys bei 4.181 ausgewählten Personen Untersuchungen zu „Psychische Störungen" durchgeführt. Die 4-Wochen-Prävalenz unipolarer depressiver Störungen in Deutschland beträgt demnach insgesamt 6,3%, d.h. dass innerhalb eines beliebigen 4-Wochen Zeitfensters ca. 3,1 Mio. Bundesbürger unter diagnostizierbaren depressiven Erkrankungen leiden.

Nun gibt es auch die Meinung (von mir eingeschlossen), dass auch eine Depression und ich meine auch nicht lediglich die depressive Verstimmung seinen Sinn haben kann.

Die gedrückte Stimmung könnte letztlich dazu dienen, dem Umfeld und sich selbst mitzuteilen, dass etwas im Leben nicht stimmt und man daher an der bestehenden Situation etwas ändern sollte.

Aber selbst wenn man von einer Stoffwechselstörung im Gehirn ausgeht, die irgendwann selbst zum Problem geworden ist, nachdem der eigentliche Auslöser wie Arbeitsplatzverlust, oder Tod eines Partner schon länger zurückliegt, sollte man sich doch kritisch mit der enorme Zunahme an Verordnungen von Antidepressiva auseinandersetzen.

. Im Gegensatz zur Anwendung von *Lithium* (QUILONUM u.a.) bei bipolaren Erkrankungen gibt es bisher keinen überzeugenden Beleg aus kontrollierten Studien oder epidemiologischen Erhebungen dafür, dass die kurz- oder langzeitige Einnahme von Antidepressiva Suizide verhindern kann.

Neben der Diskussion um den Anstieg der Suizidalität unter Therapie mit Antidepressiva wird das Ausmaß der Wirksamkeit dieser Mittel zunehmend in Frage gestellt: Nach einer Analyse von 47 Studien, die der amerikanischen Aufsichtsbehörde zwischen 1987 und 1999 für die Zulassung von Citalopram, Fluoxetin, Nefazodon (NEFADAR, außer Handel), Paroxetin, Sertralin und Venlafaxin vorgelegt wurden, macht der Plazeboeffekt zwischen 68% und 89% des Verumeffektes aus. Wahrscheinlich ist der Erfolg noch geringer, da bei der Berechnung neun Studien unberücksichtigt bleiben, die keinen signifikanten Unterschied ergeben haben. Bei Beschränkung der Auswertung auf drei Antidepressiva mit vollständigen Daten ergibt sich gegenüber Plazebo eine Verbesserung auf der in vielen Studien benutzten HAMILTON-Depressionsskala (HAMD) von lediglich 2 Punkten (von insgesamt 50 bzw. 62 Punkten). Selbst die geringen Wirksamkeitsvorteile im Vergleich mit Plazebo könnten infolge der „Entblindung" der Patienten durch typische Störwirkungen vorgetäuscht sein. Zweifel an einer relevanten antidepressiven Wirksamkeit betreffen auch trizyklische Antidepressiva. So zeigt eine systematische Auswertung von Antidepressiva-Studien mit „aktivem" Plazebo nur minimale Überlegenheit für Verum. Es fehlt zudem bislang der Nachweis einer Dosis-Wirkungsrelation, sodass bei unzureichendem Effekt eine Steigerung der Dosierung nicht durch Daten untermauert ist. Der äußerst geringe Nutzen der Antidepressiva ist bei den Herstellern bekannt: Um zwei Positivstudien zu erhalten, die für die Zulassung bei der amerikanischen Arzneimittelbehörde erforderlich sind, werden offenbar acht plazebokontrollierte Studien eingeplant. Mehr als 50% der plazebokontrollierten Studien mit Antidepressiva fallen negativ aus – sie zählen jedoch für die Behörden bei der Zulassungsentscheidung nicht. Für das in Deutschland (nicht jedoch in den USA) zugelassene Reboxetin (EDRONAX, SOLVEX) war nur eine von acht vorgelegten Studien positiv.

Angesichts dieser Tatsachen möchte ich hier noch einmal zusammenfassen, warum man die Verabreichung von Antidepressiva kritisch hinterfragen sollte:

- Belege für einen suizidverhütenden Effekt stehen für alle Antidepressiva aus.
- Zusammenfassende Daten aus randomisierten kontrollierten Studien weisen auf eine Zunahme von Selbsttötungstendenzen durch Einnahme von Serotonin-Wiederaufnahmehemmern wie Paroxetin hin. Trizyklische Antidepressiva bergen möglicherweise ähnliche Risiken.

- Gemessen an der üblicherweise verwendeten HAMILTON-Depressionsskala liegt der Nutzen von Antidepressiva nur unwesentlich über dem von Plazebo. Selbst dieser geringe Effekt kann wegen der Entblindung durch typische Störwirkungen vorgetäuscht sein.

- Trotz jahrzehntelanger Anwendung sind weder Wirksamkeit noch Sicherheit der verfügbaren Antidepressiva ausreichend belegt.

5 Marketing und Psyche: Mittel zur Erzeugung von Umsatz für die Pharmaindustrie?

5. 1 Generierung von neuen Krankheiten

.:Vor dreißig Jahren beklagte Henry Gadsen, Chef des US-Pharmariesen Merck, im Wirtschaftsmagazin *Fortune* mit ungewohnter Offenherzigkeit, dass die potenziellen Märkte seines Unternehmens auf die Kundengruppe der Kranken beschränkt seien. Als Vorbild für seine eigenen Geschäfte nannte der Gadsen den Kaugummiproduzenten Wrigley's. Es sei schon lange sein Traum, Medikamente für gesunde Menschen zu machen. Dann wäre Merck nämlich endlich in der Lage, seine Produkte „an jedermann" zu verkaufen.

Drei Jahrzehnte scheint der Traum des mittlerweile verstorbenen Henry Gadsen wahr geworden zu sein Die Marketingstrategien der weltgrößten Pharmakonzerne haben mittlerweile völlig gesunde und beschwerdefreie Menschen ins Visier genommen. Die Stimmungsschwankungen des Alltagslebens mit ihren Hochs und Tiefs gelten heute als mentale Störungen, völlig normale Beschwerden sind zu Besorgnis erregenden Krankheitssymptomen geworden, und immer mehr gesunde Menschen werden zu Patienten umdefiniert. Auch mittels Werbekampagnen, die unsere tiefsten Ängste - vor Krankheit, körperlichem Verfall und Tod - ausbeuten, setzt die Pharmaindustrie pro Jahr 500 Milliarden Dollar um und hat tatsächlich die Definition dessen verändert, was unter Menschsein zu verstehen sei. Die weltweit operierenden Arzneimittelkonzerne werden zwar zu Recht dafür belohnt, dass sie mit ihren Produkten Menschenleben retten und Leiden lindern, doch damit geben sie sich längst nicht mehr zufrieden.

Alltagsbeschwerden werden als Krankheiten definiert, was zusätztliche Milliarden in die Kassen der Pharmaindustrie spült.

Da wird Schüchternheit auf einmal zum Symptom für allgemeine Angststörungen und prämenstruelle Spannungen werden zu einer Geisteskrankheit, der man den Titel „prämenstruelle dysphorische Störung" verleiht. Ganz alltägliche sexuelle Schwierigkeiten sieht man als sexuelle Störungen oder die natürlichen, altersbedingten hormonellen Veränderungen als durch Hormonmangel ausgelöstes Krankheitsbild namens Menopause. Schon die Tatsache, dass jemand zu einer "Risikogruppe" gehört, ist zu einer eigenständigen Krankheit geworden. Deswegen leiden Frauen mittleren Alters heute unter einer schleichenden Knochenerkrankung mit Namen Osteoporose, und durchaus fitte Männer in den besten Jahren bekommen ein lebenslanges Krankheitsbild namens „erhöhter Cholesterinspiegel" diagnostiziert.

Es liegt nahe, dass Ausgangspunkt und Zentrum dieser Verkaufsstrategie die Vereinigten Staaten sind, wo auch die größten Pharmakonzerne der Welt ihren Sitz haben. Zwar leben in den USA weniger als 5 Prozent der Weltgesamtbevölkerung, aber dennoch werden dort fast 50 Prozent der weltweit verkauften rezeptpflichtigen Medikamente abgesetzt. Zudem steigen die Ausgaben für Arzneimittel nirgendwo so rasant wie in den USA, wo sie allein in den letzten sechs Jahren um fast 100 Prozent zugenommen haben. Und das liegt nicht nur an enormen Preissteigerungen, sondern schlicht daran, dass die Ärzte immer mehr Rezepte ausstellen.

Oftmals haben diese Medikamente den Menschen das Leben leichter gemacht oder es verlängert. Und dennoch verstärkt sich der Eindruck immer mehr, dass zu viele dieser Pharmakonsumenten nicht etwa auf ihre Bedürfnisse horchen, sondern den ungesunden Einflüssen einer irreführenden Marketingstrategie unterliegen. Und diese Marketingstrategien haben inzwischen, wie die großen Pharmakonzerne selbst, wahrhaft weltumspannende Ausmaße angenommen.

Der Gedanke, dass Pharmakonzerne bei der Erfindung neuer Krankheiten ihren Anteil haben, mag den meisten von uns abartig erscheinen, doch erst kürzlich hieß es in einem Bericht des Informationsdienstes Reuters Business Insight, dass sich die Möglichkeit, „neue Krankheitsmärkte zu schaffen", in Milliardenumsätzen auf dem Medikamentenmarkt niederschlagen werde.

Eine der wichtigsten Strategien, heißt es dort, habe zum Ziel, die Wahrnehmung zu beeinflussen, die normale Leute von ihren kleinen Wehwehchen haben, sodass „natürliche Vorgänge" zu medizinischen Indikationen werden.

In dem Report wird die Entwicklung profitabler neuer Krankheitsmärkte gefeiert - zum Beispiel Therapien für die Befindlichkeit „sexuelle Dysfunktionen bei Frauen" - und die Zukunft der Pharmaindustrie in rosigem Licht gesehen: In den kommenden Jahren wird man weiterhin beobachten können, wie die Schaffung von Krankheiten durch Unternehmen finanziell gefördert wird.

Der enorme Einfluss der pharmazeutischen Industrie durch ihre hohen finanziellen Mittel hat sich mittlerweile zu einem weltweiten Skandal ausgewachsen. Er verzerrt die medizinische Forschung, korrumpiert Mediziner, und schmälert letztlich das Vertrauen der Patienten in ihre Ärzte. Die Unterdrückung unwillkommener Forschungsarbeiten über Antidepressiva, die Risiken bestimmter Medikamente gegen Arthritis und Ermittlungen über die mutmaßliche Bestechung von Ärzten in verschiedensten Ländern sind nur die jüngsten Beispiele in einer ganzen Kette peinlicher Begebenheiten. Deshalb sind heute viele Ärzte, Wissenschaftler, Gesundheitspolitiker und Redakteure medizinischer Fachzeitschriften bemüht, den Einfluss der Pharmaindustrie auf die medizinische Forschung und auf die Verschreibungsgewohnheiten der Ärzte zurückzudrängen.

5. 2 Wo liegt die Grenze zwischen Normalität und Krankheit?

Die Vermarktungsstrategen setzen sich nicht einfach hin und verfassen die Regeln, nach denen eine Krankheit zu diagnostizieren ist. Aber häufig zahlen sie die Honorare für die Experten, die dies tun. Die Industrie sponsert heute wichtige medizinische Konferenzen, auf denen die Definition von Krankheiten diskutiert wird. In einigen dokumentierten Fällen nehmen die medizinischen Experten, die diese diagnostischen Regeln verfassen, Geld von den Pharmaherstellern, deren milliardenschwere Geschäfte davon abhängen, wie diese Regeln abgefasst sind.

Bei vielen Beschwerden ist die Unsicherheit groß, wo die Trennlinie zwischen Gesunden und Kranken zu ziehen ist. Die Grenzen, die das „Normale" vom „Abnormalen" unterscheidet, sind häufig hoch elastisch. Sie können von Land zu Land erheblich variieren und sich auch im Lauf der Zeit ändern. Die Experten, die diese Grenzen ziehen, tun dies heute nur allzu oft mit Schreibgeräten, die das Logo eines Pharmakonzerns tragen.

Nach dem Befund dieser Experten leiden 90 Prozent der Menschen in den USA an so genanntem Bluthochdruck, hat fast die Hälfte aller Frauen eine sexuelle Störung namens FSD und sollten mehr als 40 Millionen Amerikaner Pillen schlucken, um ihren Cholesterinspiegel zu senken. Die Medien helfen, das jeweils neueste Krankheitsbild als weit verbreitet und sehr bedrohlich zu beschreiben, vor allem aber als medikamentös behandelbar.

Es gibt eine Menge ganz unterschiedlicher Werbestrategien, mit denen Krankheiten verkauft werden, doch eines ist allen gemeinsam: die Vermarktung der Angst. Die Angst vor einem Herzinfarkt dient dazu, den Frauen die Vorstellung näher zu bringen, sie brauchten in der „Menopause" eine Hormonbehandlung. Die Angst vor einer Selbstmordwelle unter Jugendlichen dient dazu, besorgte Eltern glauben zu machen, dass selbst milde Depressionen mit starken Medikamenten bekämpft werden müssen. Und die Angst vor einem frühen Tod dient dazu, einen hohen Cholesterinspiegel als eine Krankheit zu verkaufen, die eine Medikamentierung erfordert.

Ist nicht die Angst als solches zum Problem geworden?

5. 3 Werbefeldzüge im Deckmantel der Aufklärung

Die Arzneimittelindustrie und ihre Parteigänger rechtfertigen ihre Werbekampagnen damit, dass sie ja nur das Bewusstsein für verkannte Krankheiten fördern und qualifizierte Informationen über die neuesten medizinischen Errungenschaften verbreiten.

Nun hat die Industrie sicherlich in einigen Fällen wichtige Aufklärungskampagnen finanziert und dringend erforderliche Aktionen initiiert, vor allem bezüglich HIV-Aids. Doch andere Kampagnen dienten in keiner Weise der Aufklärung, sondern waren klassische Werbefeldzüge: Die Vorzüge der Medikamente wurden übertrieben, ihre Nebenwirkungen und Kosten heruntergespielt.

Als in den USA gegen Ende der 1990er-Jahre die Bestimmungen über Pharmawerbung gelockert wurden, reagierte die Industrie mit einer drastischen Ausweitung ihrer Werbung, die sich an die gesamte Bevölkerung richtete. Sie konsumiert heute im Fernsehen pro Tag im Schnitt zehn Werbespots der Pharmaindustrie. Auch in anderen Ländern kämpft die Industrie erbittert für ähnliche Deregulierungsbestimmungen. Dabei sehen die Befürworter diese Art des Marketings als eine wertvolle Serviceleistung. Seine Gegner dagegen meinen, damit werde die Krankheit zum Zentrum der menschlichen Existenz gemacht - durch Interessenten, die Profit daraus schlagen wollen. Wir haben es hier nicht etwa mit einer dunklen Verschwörungen zu tun, sondern mit Diebstahl am helllichten Tage. [20]

Schon vor über drei Jahrzehnten wies der Querdenker Ivan Illich warnend darauf hin, dass das medizinische Gewerbe das Leben selbst „medikalisiere". Damit werde die Fähigkeit der Menschen, mit Leiden und Sterben umzugehen, untergraben. Er kritisierte ein medizinisches System, "das die Autorität über Menschen beansprucht, die noch nicht einmal krank sind, über solche, die gar nicht mehr auf Heilung hoffen dürfen, und solche, denen die Ärzte auch nichts Besseres verschreiben können als „Omas alte Hausmittelchen"[21].

Vor zehn Jahren beschrieb die Journalistin Lynn Payer einen Prozess, den sie *disease mongering* nannte, was so viel heißt wie "Aufhetzung zur Krankheit". Ihrer Ansicht nach weiten Ärzte und Pharmakonzerne die Definition von Krankheiten unnötig aus, um mehr Patienten in die Praxen zu holen und mehr Medikamente zu verschreiben [22] Solche Thesen haben inzwischen noch an Wahrheitsgehalt gewonnen. Denn die Industrie nimmt das Gesundheitssystem immer fester in Griff.

6 Abschlussstatement

Die Pharmaindustrie bietet nach wie vor gutbezahlte Jobs – sowohl für Naturwissenschaftler als auch für andere qualifizierte Mitarbeiter. Und hat man erst ein paar Jahre Berufserfahrung findet man sicher immer wieder in dieser Branche Arbeit. Wenn auch zunehmend häufig über Zeitarbeitsfirmen.

Ich kann es aus eigener Erfahrung nachvollziehen, dass man sich freut, wenn man zum Beispiel nach langer Doktorarbeit, während der man nur schlecht bezahlt wurde, endlich einmal für sein Tun gut entlohnt werden will.

Zwar wissen die meisten wohl, dass man die Arbeit hauptsächlich des Geldes wegen macht und nicht aus idealistischen Gründen.

Doch möchte man natürlich auch endlich etwas zu sagen haben, wenn man schon studierter Biologe, Chemiker, etc ist.

So spielt dann Machtgehabe und Selbstdarstellung oft eine größere Rolle als fachliche Kompetenz.

Ja die sogenannten „Softskills" zählen mehr oder besser gesagt: Einfach mitspielen in diesem Spiel der „Pseudoexperten".

Und wenn man erst mal ein paar Jahre Berufserfahrung hat, weiß man „wie der Hase läuft" und macht sich nicht weiter Gedanken darüber Aber gut; kann man nicht viele Arbeitstätigkeiten in Frage stellen?

Braucht man die ganzen Konsumgüter, die verkauft werden oder könnte man nicht auf vieles verzichten?

Wer will schon wieder so leben wie in früheren Zeiten als es das alles noch nicht gab; so ist die Welt eben und da gehört es eben auch dazu sich mit Mitteln der Pharmaindustrie zu „dopen", um sich einer „Norm" anpassen zu können.

Was ist daran so schlimm, schließlich trinkt man doch auch Kaffee, um sich aufzuputschen oder abends ein Glas Bier, um nach einem stressigen Arbeitstag besser abschalten zu können.

Aber wenn es schon während der Fernsehwerbung heißt: „Forschung ist die beste Medizin" darf man doch mal den Wahrheitsgehalt dieses Werbeslogans der Pharmaindustrie hinterfragen.

Ich habe mitbekommen, wie viel Geld verschwendet wird für Werbeartikel, Firmenwägen, Fortbildungen für Ärzte oder teure Schulungsmaßnahmen für den Außendienst (einschließlich der ganzen Hotelkosten).

Es wird genauso in der klinischen Forschung verschwendet. Ordner produziert, Studien begonnen und abgebrochen und dann nicht mal veröffentlicht, wenn sie nicht die gewünschten Ergebnisse liefern.

Ärzte werden gut bezahlt, wenn sie an Anwendungsbeobachtungen teilnehmen und an Patienten das gewünschte Präparat ausprobieren.

Und auch wenn man natürlich nicht auf Studien am Menschen verzichten kann, gibt es nach wie vor - auch wenn gerne anders behauptet wird, immer wieder Möglichkeiten zur Manipulation von Studienergebnissen.

Mitarbeiter schreiben Stundenzahlen auf, die nicht abgeleistet wurden und der Kollege schweigt, weil er es vielleicht ja selber tut.

Hauptsache man behält seinen gutbezahlten Job. In eine andere Branche kommt man ja auch nicht mehr so leicht rein ab einem gewissen Alter.

Nachdem es aber doch angeblich Meinungsfreiheit in unserem Lande gibt, behaupte ich und diese Meinung wird sich wohl auch nicht mehr ändern:

Forschung ist nicht die beste Medizin. Und wenn überhaupt: Angesichts der Verschwendung für Marketingmaßnahmen und klinische Forschung fehlt dieses Geld sicherlich für die Entwicklung tatsächlicher Innovationen.

Es wäre daher die beste Medizin für den Menschen, wenn er seinen eigenen klaren, gesunden Verstand gebrauchen würde, und den Nutzen von Pillen stärker hinterfragen würde.

Angesichts der unter anderem in diesem Buch beschrieben Tatsachen sollte man kritisch hinterfragen, wann man tatsächlich nicht herumkommt ein Medikament zu schlucken.

Die Jobs in der Pharmaindustrie (die präklinische Forschung zähle ich noch am wenigsten dazu) existieren aus meiner Sicht hauptsächlich noch deshalb, damit man Geld verdient und nicht weil es noch einen großartigen Zusatznutzen für die Menschen schaffen würde. Es gab tolle Entdeckungen bezüglich der Wirkmechansimen von chemischen Stoffen auf den menschlichen Körper, aber mittlerweile wird ein Haufen Geld verplempert ohne dem Menschen zu nutzen.

Es ist Zeit umzudenken und das Geld da zu investieren, wo es dem Menschen tatsächlich hilft.

Z.B. für gut ausgebildete Krankenschwestern, die human mit ihrem Mitmenschen umgehen und sich auch Zeit nehmen können für den Patienten oder auch für Präventivmaßnahmen, die Gott sei Dank auch zunehmend von den gesetzlichen Krankenkassen bezuschusst werden.

Würde der Mensch wieder mehr auf gesunde Ernährung achten, sich mehr bewegen, ausreichend entspannen (mit autogenen Training, Yoga u. s. w) und auf gute soziale Kontakte achten, könnte man meiner Meinung nach auch in der heutigen Zeit auf 95 % der Medikamente verzichten.

Ach und wenn der Mensch dann auch noch öfter mal ein Kondom statt der Pille benutzen würde vielleicht sogar auf 99%.

Aber wer weiß: Vielleicht ist es so manchem Menschen im Arbeitsleben auch einfach nur wichtig, zu funktionieren und wenn man dafür ein Medikament braucht, soll es eben so sein

Dopen nicht auch Leistungssportler, um überhaupt mit ihrem Beruf Geld verdienen zu können.

Ich halte es für keine wünschenswerte Entwicklung und vielleicht ist es an der Zeit darüber nachzudenken und wieder andere Wege zu gehen.

Weniger ist mehr: Das gilt nicht nur für den Konsum sondern auch für die Einnahme von Medikamenten!! Man kann auch ohne die meisten von ihnen gut leben.

Sogar in der postmodernen Zeiten und das ist auch gut so!!!

Dank

Zwar hab ich keinem Lektor zu danken, aber immerhin danke ich books on demand, die es auch unbekannten Autoren ermöglicht, sich der Öffentlichkeit mitzuteilen. Und ich danke jedem, der mein Buch mal liest. Wie gesagt: Aufklärung schafft Wissen, dass jedem nutzen kann!!!

Herstellung und Verlag:
Books on Demand GmbH, Norderstedt
ISBN 978-3-8391-8696-1